# 远见

## 如何做出对未来有利的决策？

## FARSIGHTED

### HOW WE MAKE THE DECISIONS THAT MATTER THE MOST

[美] 史蒂文·约翰逊（Steven Johnson）_著
陈召强_译



中信出版集团 | 北京

**图书在版编目（CIP）数据**

远见 /（美）史蒂文·约翰逊著；陈召强译 . -- 北京：中信出版社，2019.11（2021.6重印）

书名原文：Farsighted:How We Make the Decisions that Matter the Most

ISBN 978-7-5217-0852-3

Ⅰ . ①远… Ⅱ . ①史… ②陈… Ⅲ . ①决策学 Ⅳ . ① C934

中国版本图书馆 CIP 数据核字（2019）第 189011 号



**远　见**

著　　者：[ 美 ] 史蒂文 · 约翰逊
译　　者：陈召强
出版发行：中信出版集团股份有限公司
（北京市朝阳区惠新东街甲 4 号富盛大厦 2 座　邮编　100029）
承 印 者：北京诚信伟业印刷有限公司

开　　本：880mm × 1230mm　1/32　　印　　张：8.25　　字　　数：167 千字
版　　次：2019 年 11 月第 1 版　　印　　次：2021 年 6 月第 5 次印刷
京权图字：01–2019–2767
书　　号：ISBN 978–7–5217–0852–3
定　　价：58.00 元

谨以此书献给我的父亲

在条件和环境未知的情况下……在无法确定积极因素的情况下，怎么可能有理论或科学呢？……同任何实践活动一样，如果什么也不能确定，如果一切都依赖于无数条件，那科学怎么可能存在呢？要知道，所有条件的重要性都会在某个特定时刻显现出来，但没有人知道这个时刻何时会到来。

——列夫·托尔斯泰（Leo Tolstoy），《战争与和平》（*War and Peace*）

人类在现代世界精心构建的、用于开展生产和政府工作的复杂组织，只能被理解为一种机制，即人类在面对复杂性和不确定性时，用于应对自身能力局限（即理解力与计算力局限）的机制。

——司马贺（Herbert Simon）

# 目 录

## 第一部分　群体决策的技巧

### 第一章　绘图：列出真实和虚拟的变量

**第二章　预测：模拟未来事件的走向**

**第三章　权衡：从剩余选项中选择**

## 第二部分　两种极端决策

### 第四章　着眼全球问题

**第五章　个人抉择时刻**

# 推荐序一　决策是一门技能

“得到”的读者有时候能写出一些特别有意思的留言。一位叫“吉卜力”的读者在梁宁的课程中分享了他家族的故事。

> 我的爷爷参加了解放战争和抗美援朝战争，为了新中国光荣负伤，于是国家给我奶奶特别待遇，让她在医生、教师、裁缝中任意选择职业，我奶奶选择了裁缝。在我爸爸和叔叔找工作的时候，因为“根正苗红”，我爸爸被保送军官，我叔叔被保送警察，但一家之主的奶奶死活不同意，于是他们哥儿俩双双进了工厂。我父亲下岗后决定卖房买车，在货车和出租车中选择了货车，然后房价和出租车牌照的价格嗖嗖地往上涨。而我叔叔把发家致富的眼光投在彩票上，天天研究彩票走势，我堂妹天天在家砸核桃，给她爸补脑……

把每一个重要决策都做错确实不容易，但是决策确实不是简单的事情。有些人总选错固然是因为知识有限、能力不足，可是哪怕你是个高智商的拥有高学历的知识分子，一路刻苦钻研专业技能，也可能因为该买房的时候没有果断出手而难免被家人埋怨。

加拿大心理学家基思·斯坦诺维奇有本书叫《超越智商》，书中说决策的能力和智商，是两种完全不同的东西。可能你特别善于学习，日常工作都做得很好，还是一位技术高手，但是你不一定能做好决策。而像刘邦这样的人，带兵打仗和治国安邦的业务水平都比不上专业人士，他为啥还是个好领导呢？也许最重要的就是因为他的决策能力强。

决策能力，就是你在关键当口能不能做出明智的选择的能力。

*

这样神奇的决策能力，并不是纯粹靠天赋形成的。现在关于决策能力的研究有很多，而学者们公认决策能力是可以提高的，也是可以被训练的。

一般人之所以不善于决策，根本原因在于缺少做决策的机会。我们生活中的绝大多数事情都是走流程。你该上学就上学，该上班就上班，学什么、做什么都是别人设定好的，你自己并不真的做什么决策。你可以考出好成绩、做出好业绩，但是你没拿过什么大主意。你很少有纠结的时候，你没冒着风险下过什么决心，你没有承担过错误决策的后果。

如果有两个东西让你选，其中一个既便宜又好，另一个既贵又不好，那每个人都知道该选既便宜又好的那个。但这不叫决策。

真正的决策都是面对两难选择：这个东西便宜但是不好，那个东西好但是贵，这时候你该怎么选？这么做能解燃眉之急，可是对长远发展不利；那么做倒是立足长远，可是你能熬过眼前这个困难吗？你是否面对过这样纠结的取舍。

做好决策很难，但是这并不神秘。

*

包括心理学家和管理学家在内的各路学者，现在对于怎样做决策，已经有非常成熟的理论了。诺贝尔经济学奖得主丹尼尔·卡尼曼一生都在研究科学和理性决策，他的《思考，快与慢》一书已经成为经典。斯坦福大学的奇普·希思和杜克大学的丹·希思这对管理学兄弟的《行为设计学：掌控关键决策》、麦肯锡学者的《超越曲棍球杆的战略》也都可以说是学习决策的必读书。而你手里的这本——史蒂文·约翰逊的《远见》，则是关于决策科学最新的一本书。

我看完书后总结，科学决策的规律都是相同的，它可以分为三步。

第一步，看看你手上有哪些选项。

第二步，评估各个选项的价值，选择价值最高的那个选项。

第三步，在执行过程中，根据实际情况进行调整。

如果决策就这么简单，为什么人们还做不好呢？这是因为在实际操作中，我们并不总是理智的——面对陌生的局面，我们在决策中的每一步都会有各种各样的认知偏误，这会导致我们最后选错。

*

第一步是列出自己的所有选项。人们通常的做法并不是找张纸、坐下来，心平气和地把所有选项写在纸上——人们通常是认准了一条路就不放松，根本意识不到还有其他选项！人们常常不知道自己现在有个做决策的机会。如果别人遇到艰难选择的局面，让我们出个主意，我们常常能说得头头是道；可是对自己的事，我们会异常草率。

克服这个毛病有很多现成的方法，比如画“思维导图”。现在很多人用思维导图做读书笔记，在我看来，这就如同把杀伤性武器当礼宾枪用——思维导图真正的作用是把各种选项直观地同时摆在你面前，帮助你做决策。

如果参与决策的不止一个人，“头脑风暴”也是个好办法。大家坐在一起集思广益，开个“诸葛亮会”。你说几个想法，我也说几个想法，先把各种想法都写在黑板上。这一步追求的是选项越多越好。先别管是否可行，哪怕是你觉得特别不靠谱的想法，也可以提出来给大家启发。事实证明，越是天马行空的主意，就越有可能成为神来之笔。

重大复杂事物的决策，有时候还应该专门请一些外行参与，以期获得“跳出盒子”的奇思妙想。约翰逊在书中提到纽约市设计城市公园的例子。我听说物理学家奥本海默在组织研发第一颗原子弹的时候，就专门邀请了一些画家、诗人和音乐家进入洛斯阿拉莫斯秘密研究基地，看看他们能不能激发科学家的灵感。

当然也不是什么外行都有用。密歇根大学的复杂性理论和社会科学家斯科特·佩奇在《多样性红利》和《模型思维》这两本书中提出，我们在做决策时一定要参考多样性的意见，但是这个多样性必须是视角和思维模型的多样性，而不是利益诉求的多样性。换句话说，我们要“君子和而不同”，要“来自五湖四海，为了一个共同的目标，走到一起”的决策参与者，而不能是一群互相之间充满利益冲突的人，否则决策就成了一群人对另一群人的打压。

*

第二步是选择价值最高的选项。在充分考虑了每个选项的价值之后，我们一个个删除不合适的选项，最后选择一个最有利的。这一步需要理性。但决策者常常因为自身的认知差异，而非理性地、强烈地倾向于某一选项，或者强烈地反感某一选项。在这一步，你必须强迫自己听见不同的声音。

千人之诺诺，不如一士之谔谔。那既然如此，何不指定一些人，专门提不同的意见？约翰逊在书中的说法，是要成立一支“红队”，让它专门跟你唱反调。红队是思维的假想敌部队——按咱们中国的传统，应该叫它“蓝军”。

高明的决策者会让一些人从反方面寻找证据，力图推翻自己的决定，以此来提醒自己不要犯一意孤行的错误。你要往东，红队就非要往西——你能找到充分的理由去说服这些反对者，这个决策才算是成熟的。

而即便如此，我们也不能肯定那个决策就一定是对的。这是因为未来有不确定性，决策总是包含着预判，甚至可以说是赌博的成分。约翰逊在这本书里告诉了你，很多专家对未来的判断还不如随机赌博。

不过这个世界毕竟还是讲理的，未来并非完全不可预测，总有一些办法能让你赌对的可能性比赌错的可能性大。这样下去，如果赌多了，还是你赢。

丹尼尔·卡尼曼的一个办法是，多看看别人做类似事情的时候，结果如何。低水平决策者常犯的一个错误是总以为自己很特殊，殊不知每个人做这件事的时候都以为自己很特殊……高明的决策者应该先打听打听别人的情况。信息是决策的营养。

*

第三步是调整。有些人是一旦下了决心去做一件事，就会一条道走到黑，好像调整方向就等于承认失败一样。撒切尔夫人有句名言就是："阁下想转弯就转弯吧，本夫人是不转弯的。"……可是不会转弯的汽车能开吗？

如果我们把决策看作一个做选择的技术过程，承认其中的不确定性因素，那么调整决策就不但不代表失败，它还是科学决策的必要组成部分。在实际执行过程中，我遇到一个之前做决策的时候完全没想到的情况，如果考虑到这个情况，我就应该做出别的选择——那我就改呗？

当然，如果你从来都不坚持自己的决策，一有风吹草动马上就改，那也不行。有时候道路本来就是曲折的。

那到底是要坚持，还是不要坚持呢？正确的态度是考虑新的信号是否已经强到了足以改变当初的决策逻辑的程度。我听说最好的风险投资家都非常善于在果断选择和果断改变之中取舍，而低水平的决策者考虑的是付出的沉没成本、个人的威望和面子。

*

在考察新一代学者的科学决策理论后，我有三点体会。

第一，应该把决策参与者和决策拍板者分开。

以前咱们听评书故事，英明的主公身边总有一个足智多谋的军师，主公的英明就体现在他能不顾个人面子，对军师言听计从；而军师的足智多谋……则近乎魔术一般。

真正高水平的决策不应该是刘备和诸葛亮的关系，而应该是曹操和他的智囊团的关系。你需要的不是一位军师，而是一个参谋部。决策参与者应该根据各人不同的视角，掌握的不同信息，而后提出各种意见，包括专门去做好某一方面的调研工作，然后大家共享信息，把多样性的意见摆在一起综合判断。如果没有智囊团，你自己就得掌握多个思维模型，让头脑里有不同的声音。

但是“民主”可不一定是个好的决策方法，决策理论总是提醒我们集体决策容易陷入人云亦云、不敢有不同意见的误区。这就需要有人作为拍板者，在达不成一致的时刻一锤定音。

第二，应该把决策过程和决策结果分开。

因为决策具有不确定性，正确的决策不一定会带来好的结果，错误的决策也不一定会带来坏的结果。我们不能根据结果的好坏去评价决策水平。失败就追究责任，赢了就庆功奖励，那是非常土的决策养成模式。

高明的决策者追求的不是每一次都赌赢，而是一个让赢的概率大于输的概率的科学决策系统。职业扑克选手安妮·杜克在《对赌》这本书里说，打扑克应该在意的是数学期望，是要做时间的朋友，而千万不能被每一次输赢的情绪左右。

第三，应该把决策贡献者和做决策者的身份分开。

我以前是个物理学家，我们物理学家讨论问题不分大小，老教授和一年级研究生是平等的。在物理学之外，我听说了很多韩国人经常因为要照顾尊卑秩序而不敢发言，美军却能在每次行动后点评中畅所欲言的故事。团队文化能影响决策水平。

进一步来说，如果我们把决策当成一个技术性的活动，那么我们作为决策者就应该有一点儿运动员的精神。全力以赴把事情做对，别过多考虑结果会如何。没有纳西姆·塔勒布说的“skin in the game”（利益攸关），当然就不会有认真决策，但是太过患得患失也不行。

*

约翰逊是一位高水平的科学作家，他写过跨好几个领域的书，把最新的研究进展介绍给读者，我从他身上学到了很多东西。这本《远见》中有严谨的调研、精彩的故事和深刻的洞见。书中详细地描写了美军击杀本·拉登的决策过程，让我大开眼界。这本书中的故事体现了科学决策的精神。

人说清军入关之前是靠着一本《三国演义》学习的决策，今天的我们完全可以有更高级的学习方法。如果你的心态足够超脱，把决策当作一项体育运动，那么这本书中的实战案例会对你很有帮助。

万维钢

科学作家，“得到”《精英日课》专栏作者

## 推荐序二　做好关键决策，让人生不迷茫

2016年，我刚进入体制内工作时，月薪是1 962元。那是我人生的前二十几年中最艰难的一段时光，那时候我连房租、医药费都付不起，只好开始了经营公众号这个副业，想要找找机会。

万幸，经过两年的耕耘，“进击的阿秀”这个公众号已经有一点儿成绩了。我的总收入加起来是最初的40多倍，年收入超过了100万元。

后来在各种因素的合力之下，我准备离职而转战互联网。

现在回想起来，当初离职的决定还是有头脑发热的因素在：一方面，我在单位拿到了北京户口，合约规定，6年内离职，要赔偿单位20万元；另一方面，我毕业后的两年来一直都在体制内工作，对互联网行业并没有那么了解。

我当时做出离职的决定，更多靠的是一腔孤勇，就像我后来在爆款文章《我花20w从体制内跳槽：看十年，“稳定”越来越成为奢侈品》里说的，我单纯是因为认为：

> 人类社会正处在加速进化的进程当中，未来唯一不变的就是“变化”本身。一方面，技术进步在加速，人类改变世界的能力将越发强大，越来越多的旧行业将被颠覆；另一方面，传统的故

事、规则正在失效，贸易保护、反全球化、虚无主义日益盛行。

我就是因为相信这句话，所以才毅然跳出来的：未来，“稳定”可能是最昂贵的奢侈品。

虽然后来我的事业发展还算不错，这证明我当时的决定并没有错，但是当我看到史蒂文·约翰逊的这本《远见》时，我才有一阵后怕，因为我当时做出这么重要的决定，我的决策方法竟然毫无科学可言——我完全是凭借着一腔热血离开了人生的第一份工作。

就像这本书里说的，认知心理学中有个著名的论断：你越相信自己必然正确，你就越有可能犯错。所以想想我当时蒙头直冲的架势，我还是觉得有点儿后怕的。

实际上，我希望我能够在上学的时候就遇到这本书，因为我发现当初选学校、选专业、选工作等决定，大多数都是凭借直觉、机会，被动地做出了人生中大部分的重要决定。

在我看来，科学决策应该包含一套最佳流程，以及千锤百炼的实战技巧，而不是被动的等待机会、运气、直觉，或者等待别人给自己带来启示。

前者是使用科学方法，帮你做出富有远见的决定；而后者则单纯是“赌”，行或不行多半要仰仗天意。

不幸的是，现实中的大多数人都是后者。

更关键的是，就像我说的，未来的世界唯一不变的就是“变化”

本身。一方面，你熟悉的一切都在发生变化；另一方面，各种“黑天鹅”“灰犀牛”不断涌现。我们的世界正在面临各种各样的风险，如果我们还是靠直觉来“赌”自己的命运，我们在未来一定会走更多弯路，面临更多逆境。

我很有幸看到了这本书。结合自己的实践经验，我受益良多，看到了当时很多本可以避过去的坑和雷。所以我非常高兴，能够把这本书推荐给读者朋友和身边的朋友。在此，我也将向大家推荐书中关于决策的重点内容，大家也可以以此为地图，阅读全书。

第一，消除决策盲点。

在做决策时，我们最怕的就是“智者千虑，必有一失”，很可能你没考虑到的那个盲点就是决策失败的主要原因。

比如在美国独立战争中，华盛顿在保卫纽约时决定把军队布置到各条交通要道上，试图在城市外围与英军决战。但是华盛顿犯了一个致命的错误，有一条能够直插美军军营侧后方的小路没能引起他的重视。就是这一个决策盲点，导致纽约全线失守。

在这一点上，我跟作者的观点高度一致：要想做出科学决策，就要尽可能地减少决策的盲点。前期要对决策问题进行翔实、全面的研究，尽可能地收集相关信息，不受自己的直觉和偏见控制，尽可能地思考不同的决定，打开不同的视角，看看它们能够把我们带往何方，会产生什么不同的结果。

作者还指出，备选方案的数量跟决策成功之间有直接的关联。如果一个决策没有备选方案，就只有不到一半的成功率；而最少有两种备选方案的决策，三分之二都是成功的。

也许会有读者质疑：消除所有盲点并不现实，而且如果前期在调查和备选方案上花费太多时间，真的高效吗？

这种质疑是有道理的，我们不可能消除所有盲点，比如高考选择学校时不可能知道所有考生的成绩，打仗的时候也不可能完全掌握敌人的信息。

所以作者认为，我们掌握 70% 的决策信息就够了，做过多调查会让我们犹豫不决，掌握得太少则会让我们的决策失败。

第二，预测未来，评估不同选项可能带来的结果。

可能很多人不知道，人类是唯一一种能够思考未来的生物，这也是人类有别于野兽的重要智力特征。

那么如何才能尽可能地预测未来，做出正确决策呢？学者研究发现，在预测过程中，真正起作用的不是财富、地位、智商、学历，而是思考方式的开放程度。

有人做过一个实验。实验召集了一大批专家预测一个问题，思维越固化的专家就越喜欢用自己的方式理解世界，还会异常自信地一条道走到黑；而那些思维开放包容的专家，则会尽可能地收集信息，思考各种可能性，不会用一个万能理论解释所有问题，他们预测正确的可能性更大。

简而言之，思维越是固化的人，决策失败的可能性就越大；思维越是开放包容的人，决策成功的可能性就越大。

解决这个问题的一个很好的办法，就是给自己创造一个假想敌。一方面，你越是认为没问题的地方，敌人越可能攻击这里；另一方面，你不能只思考自己想做什么，也要思考敌人想要做什么，可能的风险是什么，尽可能地打破自己的思维藩篱。

那我们应该如何做出决策呢？

在我们尽可能全面地得出选项，以及分别预测了不同选项及其后果后，我们应该如何进行选择呢？

第一步，我们需要衡量优先级。我们可以把所有想要达成的目标和相关选项写出来，通过目标的重要性，衡量选项的重要性。如果目标不重要，那么选项再多也不需要着重处理；如果目标很重要，那么选项再少、再难，也需要优先处理。比如，你认为年轻的时候应该为成家准备充足的资本，那么你就应该好好工作，而不是找对象。

第二步，我们需要计算风险。计算风险的目的，不是让你思考风险发生的可能性，而是要你明白风险一旦发生，后果将会有多严重。比如，有很多人在过马路时喜欢闯红灯，虽然司机会自行躲避，行人被撞的概率不大，但是一旦被撞伤，结果可能就会非常严重。最为谨慎的做法就是不要盲目相信概率，而是尽可能不做这类选择，哪怕概率非常小。

第三步，我们需要减少不确定性。不管你多么富有远见，调查多么翔实、周全，也不管你多么善于预测未来，你也不可能消除所有的不确定性，你只能尽可能地减少不确定性。

那么你应该怎么做呢？

第一，你不能只关注最有可能出现的结果和你最想要的结果，因为你一旦有了这种想法，就自然会一厢情愿地认为事情会朝那个方向发展，从而忽略可能性相对较小，或者你不太喜欢的那种可能。

第二，你要尽可能地选择那些还有转圜余地的路径。你要有风险思维，因为世界的不确定性太多了，如果做出一个选择了就不能改，一旦遇到变故，你就会非常尴尬。决定了不能改的方案的收益，总体上不如决定了还能改的方案。

以上就是这本书中需要重点关注的内容。但你要知道的是，即便是流程非常清楚、策略非常明确，你在执行的过程当中也还是会面临非常多的问题，这需要你不断地练习，才能掌握这一套科学决策的思维方式和方法论。

我相信，这本书一定能够给你带来不一样的洞见和行之有效的方法论，我更希望你能把这本书提供的洞见和方法作为启动点，不断实践、总结、升华。祝福你能够做对每一个人生决策，从此远离迷茫。

加油！

阿秀

知名职场作家，公众号“进击的阿秀”主理人，

36氪、领英特邀作家

# 引　言　长远决策是一项技能

大约在 1 万年前，也就是上个冰河时代的末期，大面积的冰川融化冲垮了连接时下布鲁克林和斯塔滕岛的一层薄弱的陆地屏障，形成了现在名为“纳罗斯”（the Narrows）的潮汐水道。这里是纽约湾的入口，时至今日，纽约湾也已发展成为世界上最著名的城市湾区之一。对后来陆续迁居海滨附近的居民来说，这一地质事件既是诅咒也是福佑。连通大海对航运极为有利，但每次涨潮也会导致大量海水涌入纽约湾。虽然曼哈顿岛以毗邻两条河而闻名，但实际上，河的名字带有误导性，因为无论是东河还是哈得孙河的下游，均为潮汐河口，淡水含量极少。如果你正准备为船舶寻找安全港口的话，纳罗斯水道的形成就使得曼哈顿岛成了一个绝佳的停靠之地。但事实上，它是一座被海水包围的岛屿，如果岛上居民想获得日常所需的淡水资源，那还是很有挑战的。

在 19 世纪史诗般的高架引水桥完工之前的几百年间，曼哈顿岛的居民——最初是勒纳普族印第安人，后来是早期的荷兰拓荒者——都从该岛最南端的一个小湖泊获取饮用水资源。有了高架引水桥之后，北部地区的河流和水库的淡水被引入市区。这个早已被填埋的小湖泊就在当今的坚尼街下面。它曾几易其名：荷兰人称它为“卡尔克胡克”（Kalck Hoek，意为粉笔点，该名称源于当地随处可见的牡蛎壳）；后来，它又被称为“淡水池”（Freshwater Pond）；如今，它通常被人们称为“集水池”（Collect Pond）。在地下泉水的滋养下，该池塘水分两道，一条蜿蜒流入东河，一条向西流入哈得孙河。据说在涨潮时，勒纳普族印第安人可以划着独木舟穿过整个曼哈顿岛。

18 世纪早期的绘画作品显示，集水池是一个平静且风景如画的地方，那是一片绿洲地，也是早期的曼哈顿人逃离南部地区喧闹的贸易中心、打发下午时光的好去处。池塘东北边是一座令人印象深刻的小山丘，它有时被称为贝亚德山，有时又被称为邦克山。爬上 100 英尺①高的峰顶，池塘及其周边湿地的壮丽景色就能尽收眼底：远方是熙熙攘攘的城镇，塔尖和烟囱一览无余。“这是年轻人冬天滑冰的绝佳去处。”威廉·杜尔（William Duer）在 19 世纪关于早期纽约的回忆录中写道，“在一个晴朗的冬日里，当滑冰者迎着疾风，朝四面八方飞速滑行时，冰面上呈现的光彩与生气，是任何画面都无可比拟的。”[1]

然而，到 18 世纪下半叶，商业发展已经开始破坏集水池一带的田园风光。制革厂在池塘周边开设店铺，用丹宁酸（包括从铁杉树中萃取的有毒化学物质）浸泡动物皮革，然后将废弃物直接倒入这座不断发展壮大的城市的主水源地。池塘周边的湿地成了公用的动物尸体倾倒场，人们偶尔也会在那里见到被害者的尸体。1789 年，一个公民

① 1 英尺约为 0.3 米。——编者注

关怀团体以及多名房地产投机商建议驱离制革厂，并将集水池及附近的丘陵地带改建为公园。为此，他们聘请了法国建筑师、土木工程师皮埃尔·查尔斯·朗方（Pierre Charles L'Enfant）。几年之后，朗方又设计了华盛顿哥伦比亚特区。作为公私伙伴关系的先行者，朗方的建议是，由房地产投机商提供资金建设集水池公园，因为公共保护区周边的地产是由他们购买的。值得一提的是，正是这种公私伙伴关系，在 20 世纪末推动了曼哈顿很多公园的复兴。但这一计划最终未能落实，主要原因是该项目的倡导者无法说服投资界相信这座城市最终将会向北大幅扩张。

到 1798 年，报纸和时政评论人士已经将集水池称为“令人震惊的黑洞”，它吞噬着“来自远方的各种渗漏物、刮屑、渣滓和屎尿”。当时，由于池塘的水已经污染到无法饮用，所以市政当局决定填埋该池塘及周边沼泽地，然后在这片土地上建造一个“奢华”社区，供那些希望远离城市喧嚣的富有家庭居住。这个规划与 150 年后长岛和新泽西城郊的社区规划大同小异。1802 年，市议会下令将邦克山夷为平地，再将这些“好的、有益健康的山土”用于填埋集水池。到 1812 年，这个数百年来为曼哈顿居民提供淡水资源的池塘被埋于地下，自此从纽约地图上消失。在这之后，纽约的普通人再也没有见过那些淡水泉眼。

19 世纪 20 年代初期，早先池塘的所在地发展成了一个体面的社区。但不久之后，市政当局试图从地图上抹掉集水池这一自然景观的努力，却遭到了某种反弹式的报应。在这些新建的时髦住宅的下面，在邦克山那些“好的、有益健康的山土”之中，微生物仍在稳定地发挥作用，而它们依靠的正是集水池中早期生命体遗留下来的有机物质：所有已经腐烂的动物尸体和来自湿地的其他生物质。①

这些地表之下的微生物的活动导致了地面之上的两个问题：随着生物质的分解，早先建在其上的房子开始下沉；随着房子下沉，土壤中的腐臭味也开始散发出来。一场小雨就会导致地下室被淹，室内充满污浊的沼泽水。斑疹伤寒已经成为社区的常见病。没过几年，那些富裕的居民就纷纷逃离，这导致住房价格大幅下跌。很快，这个社区就成了该市最贫困人口的聚居地，成了来自南方的、摆脱奴隶身份的非洲裔美国人的聚居地，成了来自爱尔兰和意大利的新移民的聚居地。随着基础设施的衰败，该社区逐渐沦为一个远近闻名的犯罪多发区。到19世纪40年代查尔斯·狄更斯（Charles Dickens）走访该地时，它已经成了美国最有名的贫民窟：五点区（Five Points）。

## 500年前的错误决定

在某种意义上，集水池的故事实际上是一个关于决策的故事，或者说，是一个关于两个决策的故事。从时间上看，这两个决策并不是同时做出的，而且决策者都非个人。但为了简便，我们可以把这两个

① 生物质是指通过光合作用而形成的各种有机体。——编者注

决策压缩成一个简单的二选一的问题：我们应该建公园保护集水池，还是应该让它消失？虽然已经过去了两个多世纪，但当年那个决策带来的后果，至今仍影响着在这个社区生活和工作的纽约人。时至今日，那个犯罪活动猖獗的五点区已经变成了政府办公楼和普通商业办公楼聚集区；当地治安状况虽然大大改善，但也失去了往日的活力。设想一下，在曼哈顿下城有一片绿洲，面积可能与波士顿公园相当，里面有一个风景如画的池塘，池塘旁边是一座陡峭的山丘，其高度与周边的建筑物大致齐平。我们现在喜欢把过去那个“五点区时代”浪漫化，但如果市政当局没有填埋这个池塘，纽约黑帮也会在其他地方集结。地下微生物引发的房地产价格的突然下跌，对移民无疑是有吸引力的，而这也使得这座城市成为真正的世界主义者中心。但除了“五点区”的低房价，还有其他力量推动了人口的大规模流入。在人口和建筑方面，城市社区有着强大的革新能力，每隔几代就会彻底改造一次。但池塘一旦被填埋，就再也不会回来了。

如果朗方的计划得以实施，那么时至今日，集水池公园完全有可能成为全世界最好的城市田园休闲区之一。华盛顿哥伦比亚特区的国家广场——设计者同为朗方——每年吸引的游客数量达数百万。正规的城市公园的寿命很长，它们的存在时间可以超过城堡、公墓或堡垒。建立中央公园和展望公园的决策可以追溯到150年前，而这些决策至今仍让纽约人受益。另外，我们完全有理由相信，在接下来的几百年里，这两座公园会继续存在，而且极有可能会被完好无损地保留下来。在西班牙的塞维利亚，有一片类似于集水池的湿地在 1574 年被改造成了一座城市公园。当时，巴拉哈斯伯爵将沼泽地里的水引入灌渠，然后就地修建了散步场所，并种下了成排的杨树。同很多类似的城市空间一样，这座公园在 20 世纪 70 年代也经历过至暗时刻，成为毒品和犯罪的温床，但今天，它又繁荣兴盛起来。在近 500 年的时间里，无论这座城市如何变化，公园的边界都没有变。街道平面图成了它唯一的见证。

照此思路，你不难得出这样一个结论：填埋集水池是一个错误，是一个延续 500 年的错误决策。但事实上，这个错误的最终根源在于，拒绝朗方的计划和填埋池塘从来都没有形成决策。相反，整个过程都处于作为与不作为之间的混沌状态。没有人故意污染淡水。集水池的消失是一个典型的、教科书般的公地悲剧案例。朗方的计划之所以夭折，并不是因为公民不想保护这个池塘，而是因为少数投资商目光短浅，对曼哈顿未来的发展缺乏远见。

一种普遍的观点认为，21 世纪的我们无法摆脱注意力难以长期集中的困扰。但事实上，在做决策方面，现在的我们是优于我们的先辈的。除非经过广泛的环境影响分析，否则这样一个对曼哈顿市区生态如此重要的地理要素，是永远不可能被毁灭的。利益相关方会被召集到一起，共同讨论土地使用的替代情景，并参与设计研讨会等群体决策活动。经济学家会计算当地企业的成本，或一座地标式城市公园带来的潜在旅游收入。与会者会以一门不断发展的科学为指导，即所谓的决策理论。该理论植根于经济学、行为主义心理学和神经科学，并形成了很多有助于长期决策的框架。对 18 世纪末的曼哈顿居民来说，所有这些资源都不存在。毋庸置疑，我们仍可以犯这种有着 500 年影响的决策错误，但现在，我们已经有了工具和策略，可以避免犯同样的错误。

做审慎的长期决策是人类为数不多的独有能力之一，科技创新和语言天赋亦归属其中。时下，我们越来越擅长做决策。我们在宏大选择中所展现出的智慧和远见，足以让 200 年前的那些城市规划者惊叹不已。

## 达尔文：结婚？不结婚？

1838 年 7 月，也就是在那些漂亮的房子开始出现问题，逐渐从原集水池地面沉陷大约 10 年后，查尔斯 · 达尔文（Charles Darwin）坐在大西洋彼岸，记述了一个间接改变未来科技史发展轨迹的决定。那年，达尔文 29 岁。在那之前两年，他结束了搭乘英国皇家海军勘探船“小猎犬号”（*HMS Beagle*）进行的传奇环球旅行。几个月后，他写下了关于自然选择的第一稿，但又过了 20 年，他才最终出版了自己的发现成果。达尔文在那个 7 月的艰难决定，是其成果延迟发表的至关重要的原因。当然，从严格的意义上讲，他的这个决定无关科学问题和物种起源。它是另外一种类型的决定——它虽然与存在主义有关，但更具个人化色彩：我应该结婚吗？

在这个问题上，达尔文采用了时下我们很多人所认可的方法：在笔记本的两张对开页上，他分列两栏，写下了结婚与不结婚的理由。在“不结婚”的一栏中，他的理由如下：

可以去任何想去的地方
选择社交与规避社交
可以去俱乐部同聪明人士交流
不必拜访亲属，不必忙于琐事
养育孩子的开支与焦虑
可能的争吵
时间上的损失
晚上无法阅读
身体发福、闲散无事
焦虑和责任
购书等开支会减少
孩子多了就需要多挣钱（但工作太多对身体非常不好）
妻子可能不喜欢伦敦，结果就是放逐，然后堕落成懒散的、无所事事的笨蛋

在“结婚”的一栏中，他的理由如下：

孩子（如果上帝愿意的话）

对彼此感兴趣的、常年的伴侣（以及老年时的朋友）

挚爱的玩伴。无论如何比养狗强

家以及顾家的人

音乐的魅力和女性的絮叨。这些对健康是有益的，但同时也会浪费大量时间

我的天啊，如果人这一生就像工蜂一样忙来忙去，最终一无所有，那是我无法忍受的——不，不，决不能这样

设想一下，一个人孤苦伶仃地在伦敦一栋烟熏火燎、又脏又乱的房子里过日子

再设想一下，沙发上坐着温柔的好太太，一旁是炉火、书籍，可能还有音乐，等等

把这个情景同伦敦大马尔伯勒街的肮脏现实对比一下[2]

剑桥大学图书馆（Cambridge University Library）至今仍保存着达尔文的这套情感会计账目，但我们无从知晓他当时是如何权衡比较这些变量的。不过我们知道他最终的决定：这并不仅仅是因为他在页脚潦草地写着“结婚、结婚、结婚，证明完毕”，还因为他确实结婚了——在写下这些论证理由 6 个月之后，他和艾玛·韦奇伍德（Emma Wedgwood）喜结连理。这场婚礼标志着一个新的结合的开始。这个结合给达尔文带来了很多幸福时光，但同时也导致两人发生了很多智

力认知上的冲突，因为达尔文所持的、人们越来越难以理解的科学世界观同艾玛的宗教信仰是相悖的。

达尔文这种分列两栏的技巧可以追溯到早于他半个世纪的本杰明·富兰克林（Benjamin Franklin）写的一封有名的信，即他给英国化学家、政治激进主义者约瑟夫·普里斯特利（Joseph Priestley）的回信。当时，普里斯特利就是否接受谢尔本伯爵的工作向富兰克林寻求建议，因为如果接受这份工作，他就得举家搬迁，从利兹搬到伯爵所在的巴斯东部地区。普里斯特利是富兰克林多年的朋友，所以在1772年夏末，他给当时住在伦敦的富兰克林写信，就这个重大职业寻求后者的意见。作为自我提升领域的大师，富兰克林在回信中并没有提供明确的建议，而是讲述了一种做决定的方法。

> 在这样一件对你如此重要的事情上，你让我给一点儿建议，但由于缺乏足够的前提条件，我无法告诉你一个明确的结果。不过，如果你乐意的话，我会告诉你应该怎么做。
>
> 有些事情之所以很难决定，主要是因为我们在考虑的时候，正反两方面的原因并没有同时出现在我们的脑海里。有时候，某个情景自己就会告诉我们原因，而在其他时候，别的情景则会告诉我们其他原因，这时前面的原因就会被我们忽略。因此，不同的目的或不同的倾向会交替占据我们的脑海，进而让我们陷入一个充满不确定性的泥潭。

为了克服这一点，我的方法是拿出一张纸，在中间画一条线，把它分成两栏，一栏用来写赞成的理由，一栏用来写反对的理由。然后，在接下来三四天的考虑时间里，依照不同时间、基于不同动机而产生的不同想法，记下赞成或反对的理由。当把所有理由都罗列出来的时候，我就开始全面权衡比较了。当我发现赞成一栏的某个理由和反对一栏的某个理由所占比重大致相当、可相互抵消后，我就把它们一起画掉；如果某个赞成理由所占比重相当于两个反对理由，那我就把它们三个一起画掉；如果某两个赞成理由所占比重相当于某三个反对理由，则这五个会被一起画掉。这样一来，最终我会找到一个平衡点。在之后的一两天里，如果赞成和反对这两栏中都没有新的思考发现，那么我就会据此做出决定。

各个理由在决定中所占的比重虽然无法做到像代数量一样精确，但经过单独考虑和比较考虑之后，呈现在我面前的将是一个整体。我认为这可以让我做出更好的判断，可以让我少犯错误。事实上，这种等式决策方法是非常有用的，我们可以把它称为道德代数或审慎代数。[3]

同之后大多数以此为方法做出的决定一样，达尔文在论证自己“结婚与不结婚”时显然也没有完全利用富兰克林“道德代数”的复杂方法。富兰克林使用的是一种原始但却非常有效的方法，即权重法，他承认一些理由比另外一些理由重要，并认为这是无可避免的。在富兰克林的方法中，权衡比较阶段跟最开始的正反理由列举阶段同等重要。但在达尔文那里，各个理由的权重分配更多的是基于直觉判断，比如从长期看，他认为养育孩子比“可以去俱乐部同聪明人士交流”重要。仅从数字上来看，在达尔文的两难困境中，反对理由比赞成理由多了 5 个，但他脑海中的道德代数却做出了一个一边倒的决定——结婚。

在个人生活或职业生涯的十字路口，我想我们大多数人都列过这样的正反理由清单。（我记得上小学时，父亲就在黄色记事簿上教过我这种方法。）然而，富兰克林的权衡做法——画掉所占比重大致相同的正反理由——已经被抛到历史的故纸堆中了。按最简单的形式看，正反理由清单无非就是罗列各种理由，然后看哪一栏的理由更多。但无论你是否运用了富兰克林更高级的技巧，正反理由清单仍是经常被教授的、用于做复杂决策的少数方法之一。对我们很多人来说，这门教我们如何做出艰难选择的“科学”已经停滞发展两个世纪了。

### 非本能的深思熟虑

回想一下你按照达尔文或普里斯特利的思路做出的某个决定。那时你可能正考虑辞去一份安逸却乏味的工作，转而加入一家令人兴奋的但前景难以预料的初创公司；或者你在考虑要不要接受一项利弊共存、结果难料的复杂手术；再或者，你要做的是公共领域内的一个决定——参加英国脱欧公投；作为校董事会成员，讨论是否聘请一位新校长；等等。你是否拥有做这样的决定的技巧？或者，这个过程最终只会演变成一系列非正式对话和背景思考？我想我们大多数人会说是后者。最乐观地看，我们的方法与达尔文的方法——在一张纸上分列两栏，列出正反两方面理由，并据此评估结果——也不会有太大区别。

做出有远见的选择无疑是一种技能，但奇怪的是，这种技能从未得到充分重视。而所谓的有远见的选择，就是在做决定前需要长时间的细致思考，而决定的后续影响可能会持续数年乃至数百年，前文提到的集水池就是一个很好的例子。想一想我们教给高中生的众多技能：如何解二次方程？如何绘制细胞周期图？如何写好主题句？或者是我们教的一些更具职业导向的技能：计算机编程或某种机械技术等。可是，你几乎看不到任何有关决策艺术与决策科学的课程，而一个无可否认的事实是，如何做出明智的、创造性的决定，是一种技能，这种技能可应用于我们生活的方方面面：我们的工作环境；我们作为父母或家庭成员在家中所扮演的角色；我们作为选民、活动人士或当选官员的公民生活；我们对月度预算或退休计划的管理。

颇具讽刺意味的是，近些年来，我们看到与决策相关的畅销书大量涌现，但它们大都聚焦于一种截然不同的决策，比如《眨眼之间：不假思索的决断力》（*Blink*）和《如何做出正确决定》（*How We*

*Decide*）等书中描述的瞬间决断和直觉印象等。这些书里的很多内容都是建立在与情绪大脑相关的开创性研究之上的，比如安东尼奥·达马西奥（Antonio Damasio）和约瑟夫·勒杜（Joseph LeDoux）等科学家的研究成果。丹尼尔·卡尼曼（Daniel Kahneman）在其广受赞誉的作品《思考，快与慢》（*Thinking，Fast and Slow*）中引入了一个新的理念，即大脑由两个截然不同的系统组成，且两者均参与决策过程。“系统 1”（System 1）涉及直觉、快速行动和情绪驱动；“系统 2”（System 2）涉及审慎思考，即我们必须三思而后行。在关于思考的问题上，这无疑是一种很有影响力的分类方法，但卡尼曼的研究多聚焦于“系统 1”的习性和非理性。顺便说一句，早先他和已故的阿莫斯·特沃斯基（Amos Tversky）合作，取得了很多成果。这种关于大脑的新思考模式，有助于我们理解现代世界中各种大大小小的失策。我们已经知道我们的大脑会受信用卡制度和掠夺性抵押贷款机构的操纵；我们已经知道我们为什么会选择某些特定品牌而非其他品牌，以及我们为什么有时会被第一印象误导，刚刚见面就认定一个人值不值得信任。但如果你认真阅读临床研究文献的话，你就会发现科学背后的大多数实验的逻辑是这样的。

问题 1：一定得到 900 美元或者有 90% 的概率得到 1 000 美元，你会选哪一个？

问题 2：一定损失 900 美元或者有 90% 的概率损失 1 000 美

元，你会选哪一个？

问题 3：除了你所拥有的，你还得到了 1 000 美元。现在，你需要做出如下选择：50% 的概率赢得 1 000 美元或一定赢得 500 美元。

问题 4：除了你所拥有的，你还得到了 2 000 美元。现在，你需要做出如下选择：50% 的概率损失 1 000 美元或一定损失 500 美元。[4]

你可以用一整本书来写这样的实验例子，而相关的研究结果的确令人大开眼界，有时还会背离直觉。但当你细查这些研究时，你就会不断地发现这样一个问题：所有提供给实验对象的选择，与填埋集水池的决定或普里斯特利就新雇主所做的选择大相径庭。相反，这些决策几乎都是从小难题开始的，类似于你在 21 点牌桌前所做的选择，而不是达尔文通过记笔记，经深思熟虑后所做的那种选择。行为经济学等领域就是建立在这些抽象实验的基础之上的——科学家要求研究对象依据不同的概率押注少数任意结果。之所以有这么多的问题采用这样一种形式，原因就在于这种决定是可以在实验室里测试的。

但当我们回望过去的生活轨迹，以及回望历史本身时，我想我们大多数人都会同意，最重要的决定最终不可严重依赖本能和直觉判断，或者至少不应严重依赖本能和直觉判断。这些决定需要的是慢思考，而非快思考。它们无疑会受到我们的本能反应这种情绪捷径的影响，但更重要的是它们依赖审慎的思考，而非即时的响应。我们之所以花时间做决定，原因就在于它们涉及多变量的复杂问题。对研究人员来说，这些特性必然会使得决策背后的逻辑和情绪网络变得更加模糊，而基于存在的伦理和实践局限，科学家难以就数量如此庞大的选择展开研究。在实验室里，要判断一个人会选择哪一种糖果很容易，但判断一个人会不会结婚则难得多。

但这并不意味着自“普里斯特利时代”以来，我们用于做艰难决定的工具没有得到大幅改进。在这个跨学科领域，大多数重要研究都是通过中小规模群体决策进行的：公司业务团队讨论要不要推出一款新产品；一组军事顾问就发起何种入侵行动权衡利弊；公众委员会就某个中产街区的发展规划做出决定；陪审团就一名公民是否有罪做出裁断。这类决定被理所当然地描述成“深思熟虑”的决定。在陪审团审判中，当我们第一次见到被指控的盗窃者时，我们很可能会基于该盗窃者的行为举止、面部表情或我们对犯罪行为及执法状况所持的先入为主的定见而产生一种本能反应。但旨在提升决策审慎度的体系，就是为了避免我们陷入先入为主的定见而设计的，因为这些定见不太可能会指引我们做出正确的决策。我们需要花时间细细考虑，权衡利弊，听取不同的观点，再据此做出判断。

我们没有必要完全依赖社会心理学实验来培养我们的决策技能。近来，人们有意识地采用有助于产生远见结果的策略和惯例，然后做出复杂决策的案例，比比皆是。这些决策案例有很多值得我们研究和学习的地方，一是因为我们可以把学到的技巧运用到我们自己的选择中，二是因为我们可以运用学到的知识评估我们的领导、同事和同辈的决策技能。你可能从未在政治辩论或董事会会议上听到过某位候选人或高管被问及如何做决定，但从根本上讲，对身处领导位置的人来说，再没有比这更重要的技能了。勇气、魅力、智慧——我们在选举投票时考虑的所有常见品质，在这个根本性问题面前都显得苍白无力：在面临复杂处境时，他或她会做出好的选择吗？智慧、信念或直觉最远只能把我们带到这种难以抉择的十字路口。在某种意义上，仅有个人品质是不够的。在这样的情况下，决定者——乔治·W. 布什（George W. Bush）造了这个词——需要的并不是决策才能。相反，他或她需要的是一种惯例或常规，即解决问题的一套具体步骤，据此探求问题的独特性质，然后权衡利弊，做出选择。

事实上，一群人就一个复杂决定相互角力较劲时的情景很有戏剧性，也很激烈（正如我们在文学作品中看到的一些精彩情节，它们对此做了充分描述）。但这种缓慢的、发人深思的叙事通常会被突发事件遮蔽：充满火药味的演讲、军事入侵或令人印象深刻的产品发布等。我们倾向于快进，想跳过决策过程，尽快看到复杂决定的结果。但在最重要的时刻，我们需要倒带。

### 本·拉登突袭行动

2010 年 8 月，基地组织信使、巴基斯坦人易卜拉欣·赛义德·艾哈迈德（Ibrahim Saeed Ahmed）——亦使用“科威特”（al-Kuwaiti）等化名——从贫瘠的山谷城市白沙瓦驱车东行两个小时，进入阿伯塔巴德市所在的萨班山区。鉴于他与乌萨马·本·拉登（Osama bin Laden）以及基地组织其他重要头目之间的关系，“科威特”多年来一直是美国中央情报局（CIA）重点关注的人物。一名为中央情报局收集情报的巴基斯坦线人在白沙瓦发现了“科威特”的白色铃木吉普车，在未被发现的情况下，这个线人一路跟踪其进入阿伯塔巴德市郊。最终，铃木车沿着一条土路，驶入一座年久失修的大院，院墙为混凝土结构，高 15 英尺，顶部架有铁丝网。在“科威特”进入大院之后，这个巴基斯坦线人给中央情报局发信息说，他的目标躲藏的这个地方与该街区的其他地方不同，安全戒备等级似乎更高。情况看起来颇为可疑。

这次巧妙的盯梢行动触发了一连串的后续事件，并于 2011 年 5 月最终演变成一次具有传奇色彩的突击行动，即击毙乌萨马·本·拉登的那次军事行动。在这个相对安逸的藏身之所，本·拉登生活了近 5 年。安逸是相对于山洞条件而言的，因为当时很多人认为他藏身于山洞之中。对本·拉登这个非常规居所发起的突袭——特种部队搭乘的“黑鹰”直升机在凌晨时分在该住所降落——被广泛认为是一次执行出色的军事行动，同时也被认为是一次具有极强适应力的军事行动，因为其中一架执行作战任务的直升机试图在院内盘旋时坠毁，而这很容易导致灾难性的失败。当天夜间的行动向我们讲述的既是一个勇敢的、近乎完美的团队协作故事，也是一个在难以想象的压力之下做出快速决断的故事。如今，它成为好莱坞重磅电影、备受瞩目的电视纪录片，以及众多畅销书的题材，也是意料之中的事情。

但这次突袭行动背后更广泛的故事——不仅包括当天夜里的行动，也包括阿伯塔巴德突袭之前的9个月里的辩论和审慎考虑——有助于解释为什么做艰难抉择的才能会被学校教育乃至更广义的文化忽略。我们倾向于强调好的决策结果，而不是做决策的过程。阿伯塔巴德突袭是军事制度的胜利，比如美国海军海豹突击队，以及帮助突袭队员分析建筑物信息进而制订精确的攻击计划的卫星技术等。但在这些引人注目的力量和胆识的背后，首先是一个耗时的、不那么值得关注的过程，而正是这个明确地展示我们现在如何做艰难抉择的过程，使得这次突袭行动成为可能。从卫星到“黑鹰”直升机，用于追捕本·拉登的技术是最先进的。同样，用于做决策的技术也是最先进的。但讽刺的是，对我们大多数普通人来说，突袭事件本身并没有什么可学的地方。不过，我们可以从这次突袭行动的决策过程中学到想学的一切。我们绝大多数人都不太可能有机会趁着夜幕，将一架直升机停在一个小的院落内，但我们所有人都会面对生活难题。通过学习和了解这次狙杀本·拉登的突袭行动的内部讨论过程，我们可以做出更好的决策，得到更好的结果。

当总部设在兰利的中央情报局获得该线人追踪“科威特”所得的线报后，几乎没有一个人认为阿伯塔巴德市郊的这栋建筑物就是乌萨马·本·拉登真正的藏身之处。当时的共识是，本·拉登躲藏在某个偏远地区，比如托拉博拉山区的山洞里——早在那之前8年，他在那里差一点儿就被美军擒获。该建筑物距离巴基斯坦军事学院（Pakistan Military Academy）不足1英里[①]。本·拉登的很多邻居都是巴基斯坦军方成员。在反恐战争中，巴基斯坦被认为是美国的盟友。这个策划"9·11"恐怖袭击事件的人，怎么可能藏身于巴基斯坦军事社区内呢？这样的想法会让人感到荒谬。

但早期侦察结果表明，这的确是一座不同寻常的建筑物。中央情报局很快就发现，该建筑物内既没有装设电话，也没有开通网络，而所有垃圾都由住客自行焚烧。"科威特"的出现表明，该建筑物与基地组织有某种联系，但仅建筑成本（估算超过20万美元）一项就令人困惑不解：为什么严重缺乏现金的恐怖网络会花费如此多的资金在阿伯塔巴德市郊建这样一栋建筑？据彼得·卑尔根（Peter Bergen）撰写的关于本·拉登追捕行动的报道，中央情报局局长莱昂·帕内塔（Leon Panetta）听取了关于"科威特"在2010年8月的这次行踪简报。在场官员颇为激进地称这栋建筑物是一座"堡垒"。"堡垒"一词引起了帕内塔的注意，他随之要求下属采取"任何可能的行动步骤"，弄清混凝土院墙内居住者的身份。

最终导致乌萨马·本·拉登被击毙的这个决策过程，包含前后两

① 1英里约为1.6千米。——编者注

个截然不同的决定。第一个决定带有一定的不确定性：中央情报局必须弄清楚这栋神秘建筑物内的居住者的身份。一旦他们有充分的理由确信该建筑物内的居住者就是基地组织头目，那么他们就需要做第二个决定：如何进入该建筑物内，是抓捕还是击毙本·拉登？当然，前提是第一个决定是正确的。进而言之，第一个决定是认识论问题：我们怎样才能弄清楚地球另一边的某栋建筑物内的居住者的身份？做这个决定涉及一系列侦察工作，即通过各种各样的来源拼凑线索。第二个决定涉及行动及相关后果：如果我们只是动用 B-2 轰炸机将该建筑物夷为平地，我们能确认本·拉登就住在这里吗？如果我们派出一支特别行动小组，他们在地面遇到麻烦怎么办？即便一切顺利，他们应该尽量活捉本·拉登吗？

正如所发生的那样，其中每一个决定都有可能出错并导致严重后果，这是有先例的。布什政府就做过一个类似的认知决定：萨达姆·侯赛因（Saddam Hussein）拥有大规模杀伤性武器吗？这带来的就是几年前的灾难性后果[①]。而对该建筑物发起突袭的决定，亦有吉米·卡特（Jimmy Carter）和约翰·F. 肯尼迪（John F. Kennedy）的决策失败先例：前者使伊朗人质危机中的直升机营救行动失败，后者使颠覆古巴政府的猪湾入侵事件失败。这些决定是由聪明人诚心诚意地做出的。然而，这些审慎论证长达几个月的决定，最终还是遭遇了灾

① 这本书的英文原版出版于 2018 年。——编者注

难性的失败。在某种意义上，你可以将这次击毙本·拉登的突袭行动的最终胜利，视为一个罕见的制度案例，即它的胜利源于对过去所犯错误的总结与学习，并在此基础上改进了决策过程。

很多艰难选择都包含必须单独裁定的内部决策，而且它们通常是按照某种预定顺序进行的，正如我们在阿伯塔巴德突袭行动中看到的那样。要想做出正确的选择，你就必须知道如何合理地制定决策，而这本身就是一项重要技能。在追捕本·拉登的行动中，中央情报局必须做出决定，厘清建筑物内居住者的身份。它还要做出另外一个决定，即以何种方式对该建筑物发起攻击。但每一个决定本身都由两个截然不同的阶段组成，有时我们称之为分歧阶段和共识阶段。在分歧阶段，主要目标是通过探索性实验展现新的可能性，将尽可能多的观点和变量摆上台面。有时候，这些可能性会呈现为信息，并有可能影响你最终的路径选择；有时候，这些可能性会呈现为全新的路径，而这些路径是你在做决策之初未曾想到的。在共识阶段，对新的可能性的开放式探索会逆转方向，决策团队开始缩小选择范围，并寻求在正确路径上达成一致意见。每一阶段都需要一套独特的认知工具和协作模型，唯有如此才能取得成功。当然，我们大多数人根本不会区分这两个阶段——我们只会去看选项，召开几次非正式的会议，然后通过举手表决或个人评估的方式做出决定。

就追捕本·拉登的过程来看，在调查那栋神秘建筑物的两个不同时期，中央情报局均有意设了分歧阶段。在局长帕内塔首次听到阿伯塔巴德市郊存在“堡垒”几个星期之后，他的幕僚长要求本·拉登的追捕团队列出25种不同的方式，以确认建筑物内居住者的身份。他们被明确告知，任何疯狂的想法都可以。毕竟，这是探索性阶段。这样做的目的是产生更多的可能性，而不是缩小范围。事实证明，分析师都非常乐意提供各种看似不切实际的方案。“有人建议投放臭气弹，将该建筑物内的居住者驱逐。”卑尔根写道，“还有人建议利用可能存在的宗教狂热主义，在建筑周边通过广播，以‘真主安拉之声’要求当地居民走上街头。”[5]最终，他们提供了37种秘密侦察该建筑物的方法。其中有很多都被证明完全无助于确定居住者的身份，在探索性阶段就被排除了。但有一些方案却开辟了新的路径，其中之一被付诸行动，并最终致乌萨马·本·拉登死亡。

### 有限理性：8个复杂因素

是什么让复杂决策变得如此具有挑战性？在过去两个世纪的大多数时间里，我们对决策的理解主要是围绕古典经济学中的“理性选择”展开的。当人们在生活中遇到一个决策点时，比如购买汽车、搬往加利福尼亚或投票支持脱离欧盟等，他们就会对可供选择的方案进行评估，并考虑每一个潜在结果的相对收益和成本（用经济学术语来讲，即每一个选项的“边际效用”）。然后，他们就会挑选一个获胜方案：通往最有用的目的地的路径、满足他们需求的方案或能以最小代价获取最大福利的方案。

在我们的思想史上，如果你必须指定一个关于古典主义基石开始塌陷的事件点，那么这个点很可能就是司马贺于1958年在斯德哥尔摩接受诺贝尔经济学奖时所做的演讲。司马贺认为，“理性选择”的框架遮盖了一个更加难以捉摸的现实，即人们在真实世界中所做选择的现实，并对种种遮盖方式进行了考察和研究。在做理性选择的过程中，需要4次重要的信念飞跃。

> 古典主义模型要求决策者了解所有可供选择的替代选项。它要求决策者完全了解或者有能力计算每一种替代选择所产生的后果。它要求决策者对当前和未来的结果评估保持确定性。它要求决策者有能力按照某种连贯的效用标准对各种后果进行比较，无论这些后果呈现何种程度的多元化和异质化。

按照这些古典主义要求设想一下某个决定，比如填埋集水池的决定。决策者看到所有潜在的选项了吗？决策者完全清楚各潜在路径的后果吗？答案当然是否定的。对于今天的晚餐，你是买冷冻比萨还是菲力牛排？在这个问题上，或许你可以缩小决策范围，列出一组容易预测结果的固定选项。但在复杂的情况下，比如1800年左右曼哈顿居民的处境，理性选择并不是那么容易计算的。司马贺建议为优雅的（但却简约的）理性选择公式增加一个概念，即他所谓的“有限理性”（bounded rationality）：决策者不可能仅凭想象就能排除他们在做选择时所面临的不确定性和开放性。他们必须制定专门应对这些挑战的策略。

自司马贺在斯德哥尔摩演讲之后的60年里，研究人员在很多领域都拓宽了我们对有限理性的理解。现在我们知道，受很多原因限制，做出富有远见的决策是有挑战性的。富有远见的决策涉及互动变量；它需要我们就不同的经验和范围做全面考虑；它迫使我们依照程度不一的确定性预测未来。它往往带有相互冲突的目标，或具有最初难以发现的潜在的有用选项。它很容易受到个人的“系统1”思维的影响，也很容易受到群体思维的缺陷的影响。总的来说，富有远见的决策面临8个主要因素的挑战。

复杂决策涉及多重变量。以前面提到的经典的实验室决策案例之一为例，即“一定得到900美元或者有90%的概率得到1 000美元”。在做该决策的过程中，我们的大脑确实会以某些微妙的方式引导我们做出非理性选择，但该选择不涉及隐含因素，不需要我们发掘深层次信息。即便是不可预测的要素——90%的概率——也是明确界定的。但对一个艰难的选择来说，可能影响决策及其最终后果的变量可达数百个，比如怎么处理集水池，如何确定本·拉登是否藏身于阿伯塔巴德等。即便是亲密关系决策也会涉及大量因素：在计算婚姻对社交生活的影响时，达尔文就列出了正反两方面的理由，包括与俱乐部中的人的交流，对拥有孩子的渴望，个人财务稳定性，对浪漫爱情的需求，以及他的智识雄心等。在很多复杂的决策中，关键变量并非自一开始就是清晰可见的——它们必须要靠发掘。

复杂决策需要“全谱”分析。将人类多元化的经验想象成可听声的频谱单元。当我们调节一段录音的均衡时，我们会放大其中一个单元：我们想略微调低低音，这样就不会发出隆隆声；我们调高中音，以便听到声乐。音乐制作人拥有外科手术式的精确工具，可以处理极窄的频谱单元。基于这样的工具，你可以从混音中提取频率为 120 赫兹的电流的嗡嗡背景声。在听声音方面，存在两个极端现象：窄带和全谱。你可以将混音中的所有声部剪掉，只听那种嗡嗡声；你也可以听立体声音乐。

我们可以以类似的方式来想象决策。在平常的一天中，你所做出的众多决定，从本质上讲，大多归属窄带。比如选择这个品牌而不是那个品牌的番茄酱；早上上班时，你选择的那一条通勤路线。但生活中真正重要的、难以做出的决定，是无法通过单一尺度来理解的。这并不仅仅是因为它们包含诸多变量，也是因为这些变量有着完全不同的参照系。它们是跨学科变量。设想一个涉及公众投票或陪审团裁决的决定。对于这样的决定，要想取得好的结果，你就需要摒弃先入为主的窄带观念。你必须从多个角度考虑问题。在投票选举中，你需要考虑竞选政客的禀性，考虑他们的政治立场，考虑他们对你的经济收入的影响，考虑可能影响他们任期的全球力量，考虑他们与政府同僚的合作关系，以及其他诸多变量。再说陪审员。在认知上，他们必须从微观领域的法医证据转向法律判例的神秘历史，再转向直觉心理学，解读庭审现场证人的面部表情。我们大多数人都有退回到窄带评估的强烈冲动：她看起来有罪；我支持会降低我的税负的那名候选人。但当我们打破单一尺度的局限性后，我们会得到更好的决策结果。

复杂决策迫使我们预测未来。各种大大小小的决策，从根本上讲，是关于对未来的预测的。我之所以选择香草冰激凌而不是巧克力冰激凌，是因为有一种建立在长期经验之上的准确性，我可以据此预测出我更喜欢香草冰激凌而不是巧克力冰激凌。但说到美国政府对巴基斯坦境内一栋私人住宅发起的突袭行动，其结果就很难预测。在填埋集水池的决策问题上，现代的环境规划师很可能会将微生物纳入考虑范围，因为饮用水的净化涉及滤除危险的细菌。但他们可能不会想到五点区地下微生物的降解效应，而正是这一原因导致了该街区的住房价格崩溃。这就是混沌系统：它们包含数百个乃至数千个自变量，而所有自变量都处于依存度极高的反馈关系中，即便是一个很小的作用因子也会引发难以想象的巨浪。

复杂决策涉及不同程度的不确定性。在行为经济学的很多经典实验中，心理学家会在其所研究的决策中引入某种程度的不确定性，但很明显，这种不确定性本身是依照实验条件设定的：在概率为 90% 的路径和百分之百确定的路径中，你对自己愿意承受的不确定性有着清晰的认知。但真实世界的复杂决策则涉及不同程度的不确定性：如果你正考虑从纽约搬到加利福尼亚，那么你可以确定的是，加州冬天的温度整体上高于纽约，但问题是，你的孩子适不适应加州的公立学校，会不会在那里受到更好的教育，这个变量必然是更难以确定的。然而，在很多案例中，最具不确定性的结果却是我们最在意的那些结果。

复杂决策通常涉及各种冲突目标。做出窄带决策很容易，因为你无须面对来自频谱各个频段的信号。你无须考虑改变房地产价值的那些微生物。或者，作为科学家的你，无须考虑你的职业抱负会如何影响你与配偶在情感上的亲密关系。这种因果关系链要简单得多。但全频谱也会带来挑战，因为人们在频谱的各个点上往往有着互不兼容的价值体系。如果只考虑对个人情绪状态的影响，则很容易走偏。当你内心的想法同你的政见、你的成长经历或你的财务需求存在冲突时，决策将更难做出；如果与这三者均存在冲突，则难上加难。当然，如果决策涉及多个利益相关方乃至整个社区，那么上述冲突将会更加严重。

复杂决策包含未被发现的选项。正如司马贺的观察，艰难选择同样令我们困惑，因为摆在我们面前的通常并不是所有选项。乍看起来，它们提供的似乎是一个二选一的命题：要么选 A，要么选 B。但最好的决定——最能平衡频谱中各竞争频段的决定——往往是我们最开始未能发现的选项。

复杂决策容易让人落入“系统 1”的窠臼。对正在思考复杂决策的人来说，“系统 1”的思维偏好会扭曲选择的建构方式或曲解已有选择的潜在优势。损失规避、确认偏误、可用性启发……当我们面对真正的十字路口时，所有此类便于决策的捷径，都可能将简单的人生问题转变为负债。

复杂决策很容易受到集体智慧失败的影响。集思广益的方式可以将更多视角和见解摆上台面，这不难理解。大型的、多元化的群体在解决决策分歧方面发挥着至关重要的作用，因为群体中的人们会引入新的可能性，会揭示未能发现的风险。但群体易受自身缺陷的影响，比如集体偏见或集体失真，它们均源于人类互动的社交力学。由此，“群体思维”也被认为是一个带有贬义的词。正如我们将要看到的，就旨在提升复杂决策质量的技巧而言，它们大都会刻意避开群体行为的潜在盲点或群体行为的偏见，并会充分利用精心组建的群体所掌握的广泛知识。

这8个因素导致无数长期决策最终搁浅。在做艰难决策的过程中，它们几乎是无可避免的。不过，自司马贺数十年前首次提出有限理性以来，很多领域的决策者已经开发出了成套的实践工具，而基于这些工具，我们可以绕开其中的一些因素；或者，我们至少可以加固船只，这样我们在驶往安全港的途中，就可降低不可避免的撞击所造成的损失。

### 指纹和“螺纹状压力”

简而言之，审慎决策涉及3个步骤，[6] 皆为应对做艰难选择时所遇的独特挑战：我们绘制一幅准确的、包含所有变量的全频谱图，并列出所有可行的潜在路径；基于相互作用的变量，我们对所有的不同路径可能带给我们的结果进行预测；依据我们的整体目标，对各种不同的结果进行权衡比较，然后做出决定。本书前三章探讨了做这些群体决策的技巧，基本上是按照大多数决策的路径顺序展开的：绘图、预测和最终做出选择。最后两章对两种极端决策做了进一步的考察：一是关于更广泛问题的大规模群体决策，比如我们在应对气候变化方面所做的决定；二是个人决策，比如达尔文在笔记本上罗列正反理由后所做的那种纠结的决定。

在乔治·艾略特（George Eliot）的作品《米德尔马契》（*Middlemarch*）的上半部，有一个描写复杂决策挑战的精彩情景。（我们还会在后文谈到《米德尔马契》，而在本书的最后一章，我们还会引述该书中一个更为有名的决策案例。）在该情景之前，作者先是描写了19世纪30年代英国一名雄心勃勃的年轻医生——泰第乌斯·利德盖特（Tertius Lydgate）的一段内心独白，当时他正为一个难以决断的群体决策而烦闷不已：是否同意让一个名叫泰克（Tyke）的新牧师取代和蔼、友善的当地教区牧师卡姆登·费厄布拉泽（Camden Farebrother）。泰克背后的支持者是尼古拉斯·布尔斯特罗德（Nicholas Bulstrode）——一名伪善的城镇银行家，同时也是利德盖特所在医院的主要资助人。利德盖特已经和费厄布拉泽建立了一种友谊，尽管他看不惯这名教区牧师的赌博习气。随着镇政会会议时间的临近，利德盖特反复思考着他的选项。

> 他不想与布尔斯特罗德交恶，以使自己的崇高目标受挫；他不想投票反对费厄布拉泽，成为剥夺他的职务和薪水的凶手。但问题是，这额外的40英镑可能无法让这名教区牧师远离他那并不高尚的赌桌爱好。此外，利德盖特也不喜欢这样一种感觉，即在泰克的投票表决上，他不想让人看到他明显站在有利于自身利益的一边。但他真的是为自己着想吗？别人会这么说，还会说他为了自己的地位，为了出人头地而一心巴结布尔斯特罗德。那又怎样呢？从他自身来说，如果仅仅是考虑个人前景，那么他根本不在乎这个银行家是把他当朋友还是当敌人。他真正关心的是他的工作环境，是实现他的理想的条件。毕竟，他的目标是打造一家好的医院，在那里论证热病的具体特征，并对治疗效果进行测试，这难道不比牧师任期问题更重要吗？利德盖特第一次感受到这种千丝万缕的螺纹状社会关系带给他的压力，第一次感受到这些令人沮丧的社会关系的复杂性。[7]

在这里，令人印象深刻的首先是对这种做决定的心理活动的描述：这些“螺纹状压力”都被刻画得细致入微。（事实上，上述节选内容只是艾略特对利德盖特做此决定时心理活动的部分描述，与之相关的描述在该章中占了相当大的篇幅。）但压力本身来自比个人心理活动更宽泛的、更多元化的力量。仅仅在这一段中，利德盖特就考虑到了他和费厄布拉泽的个人友谊；从道义上对费厄布拉泽沉溺于赌博的人性弱点的反对；投票表决时担心被认为自己站到赞助人的一边，从而背上社会污名；在公众活动中因背叛赞助人而可能遭受的经济损失；布尔斯特罗德若采取回击行动，给他的职业雄心构成的威胁；基于他对“热病具体特征”的科学理解的加深，米德尔马契社区人们的健康水平的提升机会；等等。至于选择，则是一个二选一的问题：费厄布拉泽或泰克。但影响该选择的一系列因素分散于诸多不同的尺度空间，从个人关系的亲密性到医学发展的长期趋势，不一而足。而利德盖特本人所持有的相互冲突的目标，也进一步加大了这个选择的难度：他希望看到他的医院得到资助，但他又不想受到社区居民的嘲讽，认为他是在“巴结”银行家。

从利德盖特这段令人煎熬的心理活动描写中，你可以看到一个人在艰难选择的绘图和预测阶段所做的种种挣扎：全面考虑该决定的所有层面，并对做这种选择而非那种选择的结果进行推测。就如达尔文所列的正反理由清单一样，在利德盖特的脑海中，这两个阶段也是合二为一的。但事实证明，当我们分别考虑这两类问题时，情况要好得多：绘制决策图并列出所有的“螺纹状压力”，然后预测这些压力可能造成的结果。

怀疑论者可能会说，在复杂决策问题上根本不存在所谓的万能方法。这并非没有道理。原因很简单，变量太多，且它们又以非线性方式互动，因而很难将它们纳入可预测的模式。这种问题的复杂性赋予决策一种唯一性。每一个着眼于长远的决策都是一片雪花或一枚指纹：独一无二，从不重复；由于彼此间差异巨大，我们无法将它们归入公式化类别。托尔斯泰在《战争与和平》中有过一段令人难忘的描写，而在这段描写中，安德烈公爵所持的就是这样一种立场。他对俄国将军们自认为已掌握的“战争科学”提出了挑战。早在司马贺发表获奖演讲之前，安德烈公爵就如此发问：“在条件和环境未知的情况下，在无法确定积极因素的情况下，怎么可能有理论或科学呢？”

在这里，托尔斯泰有意使用了一个反问句。不过，你可以把这本书看作对这个问题的尝试性回答，它在试图提供一个合适的答案。答案的一部分是，科学已经赋予我们工具，而通过这些工具——这些在托尔斯泰或达尔文时代并不存在的工具——我们可以更好地感知复杂环境的微妙之处。我们每个人的指纹都是独一无二的，但这个事实自一开始就没有阻止科学家的行动——没有阻止科学家去研究指纹是如何形成的，甚至也没有阻止他们去研究为什么指纹会形成这种不可预测的纹路。但在指纹学领域，最重要的成就源自我们在指纹识别方面所取得的指数级的进步。基于此，我们可以通过独一无二的螺纹将一个人的指纹同另外一个人的指纹区分开来。科学并不总是将纷繁复杂的世界压缩成简明公式，就如同托尔斯泰笔下的军事规划者试图将混乱的战场压缩成“战争科学”一样。有时候，科学也会扩展。有时候，它也会帮助我们了解生活的细节——所有容易被忽视的细节。在有关决策的科学研究中，本书引用的主要是扩展型案例，以及有助于我们认清所持偏见、成见与第一印象效应的案例。

对于安德烈公爵的那个问题，答案的另一部分是，我们承认他说得有道理：科学的镜头无法揭示人类的全部经历——无论是战场上的经历还是讨论下一任教区牧师人选的小型镇政会的经历。正如托尔斯泰所言，在这样的环境中，“一切都依赖于无数条件，而所有条件的重要性都会在某个特定时刻显现出来，但没有人知道这个时刻何时会到来”。在人类社会中，每一个人的生活都是独一无二的，可以说是机会和环境的混合体。它就像鸡尾酒，因为其中总是混入了其他酒精，所以会变得更加复杂。但当你把它还原为化学时，有些东西又会丢失。

正如行为经济学家喜欢提醒我们的，作为一个物种，我们已经习惯了各种各样的归纳和简化。这并不仅仅是指科学家。我们将复杂的现实压缩为简便的启发法。在日常生活中，这些启发法被用于一些频繁出现但又不太重要的决定中，且大多数时候被证明相当有效。作为一个非常聪明的、善于自我反思的物种，人类很早就意识到，在真正重要的问题上需要克服这种归约本能。于是，我们发明了一个名为“讲故事”的工具。起初，我们的一些故事甚至比科学还简单、直接：将真实生活中的起伏和波折压缩为典型的道德教化信息，比如寓言、故事和道德剧等。但久而久之，这些故事越来越成熟，也越来越善于描述人类生活经验的真实复杂性——螺纹和“螺纹状压力”。而这种成长性的最高成就之一就是现实主义小说。当然，这也是安德烈公爵所提的那个问题的潜在寓意：“只有在不可预测的时刻，无数条件才会变得有意义。”而也正是对这种潜在寓意的描述，让《战争与和平》

和《米德尔马契》成为公认的经典现实主义作品。小说的真谛就在于它没有沿着预期的轨迹前行，也在于它夸大了所有的力量和所有不可预测的变量。正是这些力量和变量，影响了人类在生命中最重要的时刻所做的选择。[8]

当我们阅读那些小说或内容同样丰富的历史人物传记时，我们不仅是为了自娱，还是为我们自己在真实世界中的经历进行排练。最重要的是，当我们在生活中遇到类似的艰难选择时，我们要用全新的视角来审视它，并依据具体条件对它做具体分析。现在，我们既有了艺术，也有了科学。我们已经有了故事——是的，就是现实主义小说。但同时，我们也看到，其他精心创作的各种类型的故事也被用来帮助我们感知更大的世界，帮助我们应对种种不确定的结果。这些故事类型包括情景规划、战争游戏、集成模拟和事前剖析等。它们都不应被误认为是伟大的艺术。但同现实主义小说一样，它们也有着近乎超自然的力量，它们可以让我们更敏锐地观察这个世界，也可以让我们清楚地看到真实的手指螺纹。它们给予我们的不是简单的感知，而是与感知几乎同等重要的实践。

在了解某一决定的过程中，你会增长智慧。这就像过去你所面临的一些十字路口、你的个人经验、你的朋友或同事的故事，以及科学家的临床研究都会给你带来智慧一样。但将该决定一一分解，并对它的诸多属性进行分析研究，同样也会给你带来智慧。本书的假定是，这种观察和分析是可以被教授的。

第一部分

# 群体决策的技巧

# 第一章　绘图：列出真实和虚拟的变量

如果我们对人类所有的日常生活都有着敏锐的视觉和知觉，就好比我们能够听到草的生长声和松鼠的心跳声，那么寂静之下的喧嚣会震耳欲聋，置我们于死地。事实上，即便是最敏锐的头脑，在生活中往往也是麻木不仁的。

——乔治·艾略特，《米德尔马契》

早在布鲁克林成为美国人口最密集的城区之一之前，在该地区当前边界的中心地带，有一长片茂密丛林从中穿过。那时的布鲁克林还是一个中等规模的村庄，它坐落在可以俯瞰繁荣的纽约港的山坡上。这片丛林从现在的格林伍德公墓开始，经展望公园，一直延伸至赛普拉斯山。当地人给它取了一个托尔金（Tolkien）作品式的地名：高旺高地（Heights of Gowan）。

就地质构造演变来看，高旺高地并没有发生太大的变化。它在最高的时候，仅仅比周边冰川夷平的平原和长岛的潮汐池塘高200英尺。然而，1776年夏，这片高地登上了世界史舞台的中心。就在那之前几个月，英国人在波士顿遭遇了一次屈辱的撤退。当时，纽约是北美殖民地的贸易中心，同时也是浩浩荡荡的哈得孙河的门户。作为海上第一强国，攻占纽约是英国一次志在必得的策略行动。

对英国国王的无敌舰队来说，栖于海岛一端、面对辽阔海湾的纽约是一个很容易夺取的目标。问题在于如何守住这座城市。在今天长岛的布鲁克林高地高点，只要筑起工事，纽约闹市区就会遭到持续不断的轰击。“如果敌人攻占了纽约，而我们守住了长岛，那么他们几乎不可能长期占领下去。”美国将军查尔斯·李（Charles Lee）写道。对英国指挥官威廉·豪（William Howe）来说，要想在不付出重大伤亡的代价下守住这座城市，他们最终还需要攻下布鲁克林。但高旺高地是布鲁克林的一道掩护带。创设这道天然屏障的并不是地形，而是覆盖山脊的温带落叶林的茂密树冠。除了高耸的橡树和山胡桃树，地面还有茂密的灌木丛。任何一支军队都不可能在这种环境中调动大量人员和装备。再者，如果战斗在丛林中打响，革命军将会占据上风。

然而，高旺高地并不是一道完美的屏障。从南至北，共有 4 条道路穿过丛林：高旺努斯、弗拉特布什、贝德福德，以及一条名为牙买加山口的小峡谷。英军可以选择海路，直接从海上对布鲁克林或曼哈顿发起攻击。若非如此，他们很可能会通过这些小道运送部队。

1776 年，自 6 月初就有传闻表示，英国舰船已经驶离哈利法克斯并向南进发，每个人心里都很清楚：英国将攻打纽约。问题是，英军会以何种方式攻打这座城市。在那个漫长而又平静的夏天，这是乔治·华盛顿（George Washington）面临的一个决定的核心，因为一支浩浩荡荡的舰队——在影片《汉密尔顿》（*Hamilton*）开场几分钟内出现的“已驶入纽约港的400艘战舰”——已经抵达斯塔滕岛。他应该防守曼哈顿还是布鲁克林？或者，他也可能认为纽约已经失去了防守的意义，已经没有任何希望，宜应转移到更有利的战地？

华盛顿面对的是一个全谱决策的经典案例，这需要他同时从多个不同的经验层面思考问题。要做出正确的决策，华盛顿就需要考虑地形学，考虑那些山脊、峭壁和海滩；他需要考虑东河变幻莫测的水流——任何试图在纽约和布鲁克林之间快速调动军队的行动，都有可能遭到它的阻碍；他需要考虑战争中的物理学——英国战舰装备的火炮，以及他在该市滨水一带构筑的防御工事的坚固性等；他需要考虑己方军队的士气；他需要考虑在费城召开的大陆会议——按照该会议指示精神，如此重要的城市和港口是不应被放弃的。此外，这项决策也涉及伦理问题：对华盛顿来说，面对如此强大的敌人，将如此多的年轻人送往一个很有可能让他们丧命的战场，这样做合适吗？

华盛顿并不缺少需要考虑的变量，但除此之外，他还有别的东西要考虑：时间。从英国人放弃波士顿的那一刻起，华盛顿就一直在考虑纽约的防御问题。4月初，他抵达长岛最边缘的百老汇1号，并在那里建立了指挥所。早在英国舰队出现之前的几个月里，在李将军和杰出的纳撒内尔·格林（Nathanael Greene）将军的建议下，华盛顿对纽约和布鲁克林进行了勘察，并指挥建立了防御工事。到8月底豪将军最终下令攻击纽约时，华盛顿已经用了近半年的时间来思考这座城市的最佳防御策略。

华盛顿最终做出了决定，而这个决定，后来被证明是他人生中最具灾难性的失误。

### 长岛会战：华盛顿的灾难性盲点

历史和文学也会通过影响深远的失败决策向我们传递智慧，让我们从错误中吸取教训。之所以出现决策失误，一是因为人类大脑中的某些神经质般的特征会损害我们的决断力，二是因为环境的缺陷让我们做出了错误的选择。

回到 1776 年夏。华盛顿所犯的第一个错误是，他自一开始就决定保卫纽约。但无论从哪一方面讲，这都是无望的。华盛顿所指挥的部队的作战人数居于劣势，是英国军队的一半，而且英国在制海权领域拥有难以撼动的绝对优势，所以放弃守卫纽约当属明智之举。“这是一座被深水水域包围的、四周可通航的城市。谁掌握了海上主动权，谁就掌握了这座城市。”李在给华盛顿的信中写道。但华盛顿似乎没有考虑过在战斗早期就放弃如此宝贵的资产。

在下定决心保卫纽约之后，华盛顿在部署军队时又犯下了一系列重大的技术错误。英军会直接攻击曼哈顿岛还是会首先尝试夺取长岛？在这个问题上，华盛顿并未在豪将军的决定上下赌注，相反，他把军队分散部署在了两地。即便 8 月底有消息称英国军队已经在今天科尼岛附近的格雷夫森德湾登陆，华盛顿依然认为攻打长岛只不过是佯攻，豪将军的真实计划可能仍是直击曼哈顿。

不过，华盛顿确实向贝德福德、弗拉特布什和高旺努斯三地增派了军队，守卫通往高旺高地的道路。每条路都很窄，易守难攻，如果从这些地方运送军队，那么豪将会遭受重大的人员损失。但问题是，豪并未计划通过这些更便捷的路线进入布鲁克林。相反，他让大多数军队绕道而行，从高旺高地最边缘的牙买加山口进军，而这也是军事史上最伟大的侧翼行动之一。华盛顿在整个职业生涯中所犯的最严重的一次错误，就这样被豪利用了。华盛顿派出数千人守卫其他三条道路，但在牙买加山口入口处的旭日客栈（Rising Sun Tavern），他仅派驻了 5 名哨兵把守。在该据点，英军甚至未费一枪一弹就将哨兵全部抓获。

一旦穿过崎岖的峡谷，豪的部队就可以从后方对美军发起突袭。虽然布鲁克林会战后来又持续了 72 个小时，但从豪的军队穿过牙买加山口的那一刻起，这场战斗实际上就结束了。不到两个星期，纽约就落入了英军手中。不过，华盛顿也确实展现了自己的卓越才能：在海港上空大雾的掩护下，他在一夜之间率领地面部队从布鲁克林安全撤出，此举也让他为后来革命战争中的战斗保留了几乎完整的有生力量。就布鲁克林会战而言，它是一个巨大的反讽：华盛顿所做的最明智的决定不是保卫纽约——恰恰相反，是放弃纽约。

华盛顿的这次决定最终被证明千疮百孔，以致美国一方从未真正从中恢复过来，因为直到战争结束，纽约都被控制在英国人手中。当然，最后还是华盛顿一方赢得了对英国人的战争。虽然华盛顿从来都不是一位杰出的军事战术家，但就他之后所做的决定而言，再也没有任何一个比试图坚守曼哈顿岛更糟糕的了。在布鲁克林会战中，为什么他会在决策上遭到惨败呢？

在最初决定保卫这座城市时，华盛顿似乎受到了一种众所周知的心理特质的影响，即损失厌恶（loss aversion）。无数研究表明，人们对损失的抗拒超过对收益的追求。在我们与生俱来的大脑“工具箱”中，有的东西天生执拗，会阻碍我们放弃已占有的事物，即便从长期看，放弃该事物符合我们的最佳利益。或许正是坚守曼哈顿的愿望，让华盛顿犯下了军事战术史上最严重的错误之一：他心里很清楚，如果让相当数量的部队防守曼哈顿，英国人在布鲁克林遭遇的抵抗就会大大减少。他唯一真正的希望是布设重兵防守布鲁克林，但与之相反，他无法赞同这样一个想法，即让曼哈顿这颗皇冠明珠处于无人防守的状态。于是，华盛顿在两边下注，做了对冲。

真正的谜团是，为什么在牙买加山口的防守上如此大意？为什么他在其他两条通往布鲁克林的道路都部署了重兵，而独有这一条路开了一个口子呢？后来我们知道，事情的起因源于一种病毒：在英国人发起攻击的几个星期前，格林将军患上了曾肆虐美军的“露营热病”（camp fever）。到 8 月 20 日，他的健康状况已经极度糟糕，于是他不得不被转移到纽约北部地区的乡村。认为英国人会对长岛发起全面攻击的正是格林，而且他给出了最令人信服的论断，最重要的是，格林对长岛的地形最为了解。如果格林一直在华盛顿身边，当美军发现豪的军队正朝布鲁克林进发时，牙买加山口的防御可能不会如此脆弱。

在格林因病离开华盛顿的核心圈之后，华盛顿对长岛地形条件的感知能力受到了根本性的限制。这是复杂决策中的一个常见主题：在试图了解一个有着众多互动变量的问题时，我们通常无法直接感知所有相关的要素。所以，我们的决定是建立在受托人和解读者所提供的信息之上的，是建立在专业人士所提供的情势评估意见和建议之上的。而要做出正确的决定，其中之一就是学会弄清所有这些不同的信息。但同样重要的还包括认清你的网络中存在的漏洞——那些不可靠的解读者。华盛顿的军队之所以遭到英国人出其不意的攻击，一个很重要的原因就是，在格林离开战争委员会之后，华盛顿对由此造成的情报损失并未给予足够重视。他不仅不了解长岛的地形，也没有意识到他的视野严重变窄了。

## 地图、模型和影响图

在做艰难决定时，我们每个人都会依赖某种形式的心理地图。有时候，这是实实在在的地图。在阿伯塔巴德发现神秘建筑物之后的几个月里，美国国家地理空间情报局（the National Geospatial-Intelligence Agency，简称 NGA）开始解读该建筑物的卫星情报，并将该建筑物及其周边建筑转化为三维计算机模型。[1] 最终，依赖该分析，NGA 打造了一个牌桌大小的实体模型，并配以细致入微的墙壁、窗户和树木（NGA 甚至用一辆玩具车代替“科威特”的白色吉普车）。事实证明，在全面掌控建筑物内居住者的问题上，这是一个富有成效的工具。在最终决定以何种方式攻入该建筑物的方式上，它也发挥了至关重要的作用。当然，也正如我们所看到的，一个关键变量被忽略了，而这一疏忽几乎让整个行动功亏一篑。

有时候，这些地图更为抽象。我们在大脑中建立了一个情境模型，并标示出所有的“螺纹状压力”。在通常情况下，我们的心理地图是两者兼具的。在谋杀案的审判中，陪审团的决定可能涉及犯罪现场的实体地图，以及涵盖其他所有证据的抽象地图。发布一款新产品的决定可能包括涉及所有潜在销售区域的地图，以及涵盖产品生产复杂性的抽象地图。

为一个艰难的决定绘制地形图通常是我们做决定的第一步。我们先标示出涉及该决定的参与者以及该决定的后果。就华盛顿案例而言，这包括英国人的军事力量和华盛顿一方的革命力量等。我们模拟了影响参与者之间相互作用的实际力量或情境力量：长岛和曼哈顿的地形地貌、天气，以及部署在克林顿要塞的火炮的射程。我们评估了可能影响关键角色行为的心理状态或情绪状态：美军待遇低下、装备不足，这导致士气低下，以及豪将军发起突袭的意愿。在艰难的决定中，从范围上讲，这样的地图需要涵盖一切因素。就华盛顿的选择而言，他需要考虑豪的个人心理，自己所辖部队的整体情绪状态和武器的技术实力，导致纳撒内尔·格林病倒的“露营热病”及其日益增长的人身威胁，大陆会议向他传达的保卫纽约的指令，由于缺乏主权财富支撑而导致作战部队面临的财务压力，以及更广阔的、关于前殖民地与宗主国英国之间冲突的历史潮流。

华盛顿在布鲁克林会战中的决定具有其他大多数集体决定所不具有的重大意义：它不仅涉及成千上万人的性命，还关乎一个新生国家的命运。但实际上，他所构建的心理地图，同我们面临更平凡的决定时所构建的心理地图并没有太大的差别。这两种地图都需要模拟覆盖全谱经验的多变量体系——从我们同事的内心情感生活到我们周边社区的地形地貌，从我们的政治世界观或宗教信仰到财务限制或机会等平凡的现实因素。同任何形式的导航一样，开启艰难决定之旅的最佳方式，就是拥有一张可以作为向导的好地图。但绘图并不等同于做决定。地图最终显示的应该是一组潜在路径，即基于整体系统内各变量考虑后而确定的潜在路径。至于选择哪一条路径，则需要其他工具帮助。

从这一意义上讲，绘图是决策过程中确定分歧与多样性的关键所在。在这个阶段，你要寻求的不是共识，而是要尽可能地扩大各种可能因素的范围（并最终增加决策路径的数量）。绘图的挑战在于，我们如何跳出对当前事物的直觉感知的窠臼。我们的大脑天生倾向于窄带解读，进而将全谱压缩成一个主导声部。认知科学家有时候称这种现象为“锚定”（anchoring）。在面临一个涉及诸多自变量的决定时，人们倾向于挑选一个锚定变量，然后基于这个要素做出决定。锚定变量并不固定，它具体取决于你赋予它的决策值：在杂货店的购物通道，有的顾客将锚定变量定为价格，有的将其定为知名品牌，有的将其定为营养价值，还有的将其定为环境影响。在一个以微观选择为特征的世界里，压缩声谱被证明是一个完美的适应性策略。比如逛超市时，你不想为你买的每一件物品建一张复杂的全谱地图。但对于那些影响可能会持续数年的决定，扩大我们的视角是有意义的。

决策理论家已经开发出了一种可用于描绘这类全谱选择的工具：影响图。利用可视化工具绘制复杂决策图，有助于如实阐明问题的复杂性。影响图被广泛应用于环境影响研究，而填埋集水池的决定所缺乏的正是这种方法。它有助于实现连锁效应——或称“影响路径”——的可视化。在做出艰难决定后，连锁效应或影响路径都将不可避免地出现。

假设一群环境规划者穿越时空，于 1800 年左右来到曼哈顿，并就这座城市所面临的有关集水池的未来的难题绘制一张影响图。简单版本的示意图或许如图 1.1 所示。

需要注意的是，即便是这样一张简单的示意图，也展现出了各种因素之间的联系：从生物学上的微生物到房地产市场，从疾病暴发到建筑物的结构损害。在填埋集水池的决定上，如果缺乏对未来影响的清晰认识，那么这个决定最终或许会成为两种相互竞争的价值体系的直接对决：亲自然派和亲经济发展派的对决。你可以建造一座美丽的公园，里面有清洁的水和野生生物，让它成为喧嚣的城市里的天然

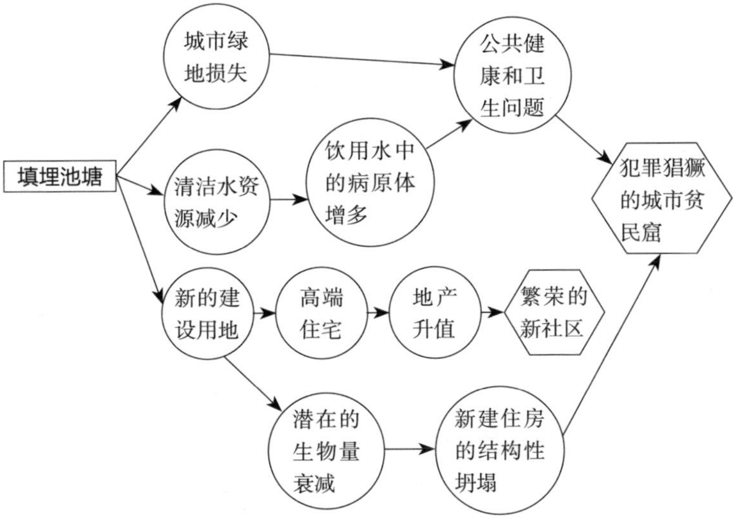


图 1.1　填埋池塘的影响图

绿洲；你也可以填埋池塘，为这座城市不断增长的人口提供新的庇护所，并在这一过程中让房地产开发商赚取一部分钱。但影响路径极少会呈现直线运行态势。集水池的填埋或许会带来短期的经济增长，因为这里要建成新的住宅区，但从长期看，建造公园可能会带来更多的经济利益，中央公园西区现在的房价就是例证。

在这座城市填埋集水池之前，没有人费心去画一张影响图，因为早在两个世纪之前，我们还没有这样的概念工具，还无从依据这样的条件去设想一个决定。不过现在不同了，我们已经有了这样的工具，它被广泛应用于世界各地的决策规划之中。但我们很少停下来，看看它带给我们的实实在在的利益。

在牙买加山口东北部几英里处，也就是在距离今天皇后区的牙买加街区不远的地方，坐落着全纽约市最大的湖——草原湖（Meadow Lake）。位于大中央公园大道和范怀克高速公路之间的草原湖，原本是一片盐沼湿地，1939 年兴建世界博览会场馆期间，它才被改造成湖。但最近几十年来，每到温暖时节，湖面上就会出现厚厚的一层黄绿藻。由此，湖中的氧气大大减少，无论是水里的鱼还是附近的居民，都面临健康风险。2014 年，受曼哈顿岛周边江河治理成功经验的启发，纽约市和纽约州的诸多机构决定将治理重点转向市内湖泊。为修复草原湖的生态环境，使之成为一个既有利于野生生物生长，也有利于人们休闲活动的场所，工作人员首先需要绘制影响路径，确定水藻大面积滋生的原因，并全面考虑改变这些路径可能产生的影响。他们发现，美国国家环境保护局（EPA）于 1992 年发布的一项规定，强制该市在饮用水中添加磷酸盐，以降低水供应中的铅含量，而部分磷酸盐由此流入草原湖中。磷酸盐是水藻的关键营养物，也是草原湖湖面水藻大面积滋生的主要原因。暴雨期间，周边公路的地表径流水还会把氮带入湖中，导致水藻进一步泛滥。即便是附近烧烤用的煤炭，也被遗弃湖中。

最终，纽约市决定将部分水域恢复成它原来的样子：在湖的东岸种植成片的湿地植物，并以此作为天然过滤系统，滤除导致水藻大面积滋生的磷酸盐和氮等营养物。（此外，纽约市还建立了景观式的生物截流系统——“生态洼地”，以拦截公路的地表径流水，避免其流入湖中。）结果，这片栖息地被彻底改造成了一个理想的休闲场所，而先前因氧气供应不足而几近窒息的鱼类也重获新生。就在几年前，湖北岸新开了一家游船租赁公司。如今，纽约人泛舟湖上，整个夏天都是碧水荡漾的时节。

草原湖的生态恢复需要全谱地图，需要对问题做全面分析，并据此确定问题的解决路径。它迫使规划者思考氮和磷酸盐的单分子层。它还迫使规划者思考黄绿藻的营养循环、湖中的鱼的氧气需求、城市公路的交通运输通道，以及人类活动造成的偶发性污染，比如在某个夏日周末举办的炭烤汉堡派对。这是一张难以绘制的复杂示意图，但那并不是一项不可能完成的任务。而放到几十年前，这样的示意图是难以想象的。可以肯定的是，罗伯特·摩西（Robert Moses）在修建大中央公园大道和范怀克高速公路时并没有考虑到黄绿藻和径流氮的问题。今天，我们可以就该系统绘制一张涵盖所有敏感性因素的示意图。那些泛舟草原湖上的游客可能并不清楚这种决策进步，他们所知道的，就是湖里的水看起来比几年前干净多了。但湖水生态修复的背后体现的是我们在环境规划领域的决策能力的提升。在做富有远见的决定方面，我们已经取得了长足进步。我们能够做出更好的决策，是因为我们可以看到更广泛的影响因素。

### 利用群体的多样性

当然，每一个富有远见的决定都有其独一无二的地图。用尽可能多的智慧做出选择，这背后的艺术并不在于强制性地确保该地图与某个已有模板相匹配，而在于培养并透过敏锐的视觉，看清真实情况。培养敏锐视觉的最佳方式，就是让不同的人就相关问题发表各自的看法。

几年前，大温哥华区的水务部门遇到了一个问题，它颇似200年前纽约居民遇到的那个事关集水池的命运的问题。随着城区人口的不断增长，大温哥华区现有的淡水资源捉襟见肘，已无法满足未来几年人们的需求。新的水源亟须开发，但这无可避免地会给当地环境、商业和社区造成影响。由于位于多雨的太平洋东北地区，这座城市有着众多潜在选择：三座水库可以进一步扩容，新的管道可以铺到距离城区较远的诸多湖泊，或者沿着一条大河开采水源。同早先是填埋还是保留集水池一样，这样一个决定所产生的后果可能会持续超过一个世纪。（比如卡皮拉诺河，该河自19世纪末就开始为温哥华居民提供饮用水，它自此之后一直是该城市的主要水源。）但该决定同关乎集水池命运的那个决定不同。它始于一次认真的尝试，并从全局视角列出了所有重要的变量，然后据此建模。在建模过程中，该决定征集了广泛的利益相关方的意见和建议，而每一个利益相关方都就各自关切的问题表达了自己的看法：生活在水源地附近的当地居民；认为土地神圣不可侵犯的原住民；环境活动人士和环境保护主义者；卫生与水质安全监管机构；划船、钓鱼或从事其他水上运动项目的当地公民；等等。利益相关方依据各种变量对每一个选项的影响进行了评估：水生生境、陆生生境、空气质量、外观质量、就业、休闲娱乐、交通和噪声，以及地产价值等。[2]

在很多重要的土地使用和环境规划中，温哥华水务局（Vancouver Water Authority）所采取的这种方法已是司空见惯。这类将各种不同的意见融合在一起的技巧，会因规划者（或规划者所聘请的咨询机构）所采用的方法论的不同而不同。但它们都有一个核心共同点：在类似于这种为市中心提供新的饮用水的复杂决策上，绘制地图时要从不同的视角做全面考虑，以产生尽可能准确的问题解决示意图。对于这种形式的协同审议，最常见的术语叫“集思会”（charrette）。该词源于法语，原本是马车的意思。19 世纪时，法国美术学院建筑系的学生会在项目截止日临近时，将他们制作的比例模型和图纸放到一辆收集学生作品的小型马车中。学生对各自项目所做的最后微调，据说就是在马车行进中进行的，也就是说，在马车经过时做了收尾工作。不过，在现代语境中，这种设计集思会不再指最后一刻的突击，而是指一个公开的、审慎的流程。在此过程中，不同的利益相关方应邀参会，就现有计划提出意见和建议，或就所讨论的与空间或资源相关的问题提出新的、潜在的想法。基于这种形式的集思会，单一商业集团或政府机构将很难再透过纯粹的窄带视角对复杂决定进行评估了。

集思会与社委会举办的传统研讨会的区别之一在于，前者一般采用一系列小型座谈会的形式，而非仅仅举办一次大型座谈会。当然，这种将各个群体分开的做法，或许会减少有对立价值观的群体之间的公开冲突，但从长远看，它会产生更多元化的想法和更多元化的评估结果。“要想从多个证据来源中获取最有用的信息，”丹尼尔·卡尼曼建议说，“你就必须确保这些来源都是相互独立的。这是良好的办案程序的一部分。当某个事件有多名目击证人时，他们在提供证词前是不能一起讨论该事件的。这样做并不仅仅是防止敌意证人串供，也是为了避免不带偏见的证人对彼此产生影响。”卡尼曼还建议说，在不适合分组讨论的情况下，可以采用另外一种方式将所有潜在的想法纳入其中：“在就一个问题展开讨论之前，委员会可要求所有成员就各自立场和主张写一份简短概要。这可以充分利用群体中智慧与观点的多元性价值。公开讨论的标准规程会让人们将重点放到那些最先表达的或最有决断力的意见上，以使其他人的意见的权重被削弱。”[3]

实际上，在现实应用中，“群体”决策有时也可以有效地被分解为一系列个人磋商。正如卡斯·桑斯坦（Cass Sunstein）等法律学者所观察到的，群体通常拥有丰富的信息组合，这源于各成员所掌握的不同的信息，但当这些成员聚到一起时，他们倾向于把重点放到共有的信息上。[4]桑斯坦写道：

> 从认知层面看，有些群体成员是处于中心位置的，也就是说，他们所掌握的个人知识，同时也为该群体中的其他很多成员所掌握。认知中心成员所知道的事情，其他成员也同样知道。因此，认知层面上的群体中心成员被定义为，与所有群体成员或大

多数群体成员拥有共同信息的人。与之相对，其他群体成员则处于认知的边缘位置，他们所掌握的信息是独一无二的。他们所知道的并不为其他人所知，而且他们知道的这些事情，可能是真正重要的事情。基于此，运行良好的群体需要利用认知边缘成员的智慧。他们有着特别重要的意义。但在大多数群体中，认知中心成员在讨论中有着举足轻重的影响力，且有更多机会参与审议会。相比之下，认知边缘成员在讨论中几乎没有任何影响力，且很少参与审议会，这往往会对群体造成伤害。[5]

在面对面的会议上，那种一团和气的氛围往往会让人产生一种下意识的反应，即倾向于讨论群体中众所周知的要素，这或许因为人们更喜欢共识，也或许是因为他们心存疑虑，担心所提供的信息并不为其他大多数成员所掌握，进而被视为局外人。如果不设计一个决策流程来获取这些关键的、未被分享的信息，那么集思广益的主要好处就会丧失。这些关键的、未被分享的信息有一个专用术语，即心理学家加罗德·斯塔瑟（Garold Stasser）和威廉·泰特斯（William Titus）所引入的“隐藏的概况”（hidden profiles）。在决策的分歧阶段，也就是你试图收集最全面信息的阶段，最好的方法是进行一系列一对一的面谈，而不是举行团队会议。在这些一对一的谈话中，群体中的认知中心成员的影响力消失了，人们只知道他们所知道的，因而也就更有可能分享不为其他成员所知的宝贵信息。

无论你是通过一系列小组会议还是通过一对一的谈话来构建地图，最重要的一点就是视角的多样性。要充分利用群体的这种多样性，因为它会明显提高你的决策能力。多样性的力量非常强大，即便为群体提供多元视角的成员不具备与手头案例相关的专业知识，也不妨碍他们发挥作用。比如，在温哥华水务局构建的涵盖广泛的利益相关方的网络，就饮用水的水源问题征集意见和建议，水上运动爱好者和原住民等利益相关方的反馈被纳入决策审议之中，这是值得称道的。同时，他们也随机邀请了一些与温哥华无关的人士，并通过他们的反馈来改进决策流程——只要这些新面孔的背景及专业知识与水务局原始决策者的背景及专业知识存在显著差异即可。在一定程度上，仅仅是差异的存在就会产生不同的效果。

在过去的几十年里，多样性和群体的集体智商提升之间的这种关系已经得到了成百上千次验证。社会科学家斯科特 · E. 佩奇（Scott E. Page）称它是群体决策的“多样性优于能力”（diversity trumps ability）理论。但多元观点提升我们的判断力的方式，却比人们最初认为的复杂得多。传统的假设是，对于一个同质化的群体，新人的到来会为讨论带来新的想法或新的价值，从而提高该群体的整体智力。事实上，在某些案例中，这种局外观点确实提升了整体智力。但许多研究也表明，“局外人”加入同质化群体亦会激发“内部人士”的想法，有助于他们提出更细致入微的、更具独创性的洞见。

在这些研究中，很多是围绕我们生活中最重要的公共决策之一的模拟版本进行的：陪审团审判。大约10年前，社会心理学家塞缪尔·萨默斯（Samuel Sommers）开展了一系列模拟审判。在审判中，陪审团就一起性侵案的证据展开辩论和评估。一些陪审团全部由白人组成，而其他陪审团在种族成员构成上则更具多样性。在近乎所有重要的标准上，种族混合型陪审团的表现都优于种族单一的陪审团：他们对证据的潜在解读更多；他们对案件信息的记忆更准确；他们在审议过程中表现得更严谨、更持之以恒。同质化群体——群体成员有共同种族背景，或为同一性别，或有某种共同的世界观，比如政治观点等——倾向于在短时间内做出决定。他们很早就定下了最有可能发生的情景，不愿意花费精力质疑自己的假设，因为现场的每一个人似乎都同意该解读的梗概。但萨默斯发现，在陪审团中，仅仅是非白人陪审员的存在，就会让白人陪审员做更多思考，并对案件的可能性做更多解读。也就是说，多元视角有助于群体构建更准确的地图。[6]

你可以依照参与者所掌握的知识，为他们分别指定“专家角色”，这样一来，无须引入局外人士，你就可以提升群体观点的多样性。20世纪90年代，迈阿密大学（Miami University）的一个心理学家团队开展了一次谋杀疑案实验，招募大学生参与一系列三人组案件模拟调查。该团队为实验中的对照组提供了正确识别凶手的所有相关线索。在这些群体决策中，没有非共享信息。群体中的每一名成员都可以获取破案所需的全部信息。不出预料，这些群体都取得了较好的破案结果，找出真正凶手的概率达到了70%。在其他群体中，“隐藏的概况”被引入：每一名群体成员都掌握着关于潜在嫌疑人之一的非共享信息，即除他之外，其他群体成员所不掌握的信息。在未指派专家角色的情况下，这些群体的侦察技能大幅度下降：他们找出真正凶手的概率仅约为33%。但当群体成员被一一明确告知，因为他们掌握着一名嫌疑人的信息，所以他们实际上就是专家，就是马普尔小姐（Miss Marple）[①] 或普拉姆教授（Professor Plum）[②] 时，他们的破案概率几乎达到了掌握所有破案线索的对照组的水平。通过定义专业知识，这些科学家巧妙地改变了决策的群体动力：参与者授权分享他们对自己选择的独特看法，而不再是寻求共享信息的共同立场。

在解决全方位思考所面临的挑战问题上，引入专家角色被证明是一个特别有效的技巧，因为在很多案例中，全方位视角下的不同方面或不同层面均对应不同的专业知识领域。在设计辩论或温哥华水务局评估等活动的正式听证会上，专家角色相对而言要直观一些：经济学家会谈及社区内建设一座水库的经济影响，而环境科学家则会谈及环境影响。但在不太正式的群体审议中，房间内不同的专业意见很容易被忽视，这样一来，“隐藏的概况”很可能依然处于隐藏状态。

## 拥抱不确定性

2008年，管理学教授凯瑟琳·菲利普斯（Katherine Phillips）领导

① 马普尔小姐是英国女侦探小说家阿加莎·克里斯蒂创造的乡村侦探。——编者注

② 普拉姆教授是《妙探寻凶》（*Clue*）电影中的角色。——编者注

发起了一项决策研究，用类似于《犯罪现场调查》（*CSI*）而非《十二怒汉》（*12 Angry Men*）的框架取代了模拟审判模式。按照要求，参与者就侦探所做的有关案犯的一系列调查笔录进行评估，然后基于评估结果，从多名嫌疑人中找出真正的凶手。完全可以预见，局外人的引入会提升团队的办案水平，会让他们更专注于线索，更愿意分享各自所掌握的“隐藏的概况”。但菲利普斯和她的团队还发现了一个似乎有违直觉的结果，而这一发现后来也成为决策学的一个关键假设（同时也是预测学的一个关键假设，后文再述）。虽然多元化群体在办案方面的表现更为出色——相比于同质化群体，他们找出真凶的概率更高——但他们对自己所做的决定却没有那么自信。他们更有可能是正确的，同时他们对可能出现的错误结果也持更开放的心态。这似乎是一个悖论，但事实是，敏锐的决策和愿意承认乃至愿意拥抱不确定性之间存在着强相关关系。菲利普斯的发现与认知心理学中著名的邓宁－克鲁格效应（Dunning-Kruger effect）相呼应。所谓的邓宁－克鲁格效应，就是说能力越低的人，往往越会高估自己的能力。有时候，最容易犯错的方式就是坚定地认为自己是对的。

如果你最近读过一些关于决策或直觉的通俗文献，你可能就很清楚那个关于消防指挥官和地下室火灾的故事了。该故事最早出现在1999年出版的《权力的来源》（*Sources of Power*）一书中，作者是研究型心理学家加里·克莱因（Gary Klein）。但它进入大众视野则是几年后的事情了，因为这个案例又被马尔科姆·格拉德威尔（Malcolm

Gladwell）引入了他的超级畅销书《眨眼之间：不假思索的决断力》。克莱因多年来一直研究他所谓的“自然决策”（naturalistic decision-making）——打破通过充满智慧的实验室实验法研究人的思维习惯的长期传统，转而观察现实世界中人的决策过程，尤其是他们在强大的时间压力下做出的决策。克莱因同俄亥俄州代顿的消防员长时间待在一起，观察他们对紧急事件的反应和应对，并就他们过去所做的决策进行采访。一名消防指挥官跟他讲过一个故事：在郊区的一处单层住宅，发生了一场乍看非常简单的火灾。火苗据称是从房子后面的厨房里窜出来的，所以这名指挥官带领消防员冲入厨房，试图把那里的火扑灭。但很快，火势就超出了他的预判：火苗难以被扑灭，整个屋子里的温度比眼前这种规模的火灾高，但燃烧发出的响声却低得多。闪念之间，他命令消防员迅速撤出该建筑物。几秒后，地板坍陷了。原来地下室里有一场规模更大的火灾。对于这名指挥官的思维逻辑，克莱因最初的记述如下。

> 整个模式给人一种不对的感觉。他的预期被打破了，而且他意识到他也不是很清楚这里到底发生了什么。基于此，他命令手下人撤出该建筑。事后来看，这种错配的原因是显而易见的。因为大火发生在他脚下的地下室而不是厨房，所以消防员的救火努力没有取得效果，因此厨房里的温度比他预计的高，而地板实际上发挥了隔离的作用，进而造成了一个略显安静的高温环境。[7]

对克莱因来说，这场神秘的地下室火灾类似于某种寓言，它展现了他所谓的“认知主导决策”（recognition-primed decision-making）的力量。基于多年的工作经验，代顿的这位指挥官在火情方面已经积累了足够多的智慧。对于新的情况，他可以迅速做出评估，而无须给出充分的决策理由。这是基于直觉做出的决定，但在这个决定的背后，是来自一线的无数个小时的消防经验。现在，让我们比较一下克莱因的原始记述与马尔科姆·格拉德威尔在其著作中对该案例的转述。在马尔科姆看来，这不仅彰显了“不假思索的决策”的惊人力量，也给出了警示，即过度思考是有代价的。

> 这名消防员心中的计算机立即启动，轻轻松松地就从一片混乱中找到了一种模式。但毋庸置疑，那天最令人瞩目的一个事实就是，他们距离一场灾难只有咫尺之遥。如果那名指挥官停下来同手下的消防员讨论救火方案，对他们说，让我们先讨论一下，看看到底发生了什么——如果他这样做了，或者换句话说，如果他像我们所认为的那种领导者一样，在解决难题上采用我们常见的方法，那么他可能就不会产生那样的洞见，也就无法避开那场灾难了。[8]

格拉德威尔是绝对正确的，在大火蔓延之中举行规划讨论是一种灾难性的救火策略。在面临紧迫时间的压力的情景中，建立在经验基础之上的直觉将不可避免地发挥重要作用。当然，我们关心的是那些不涉及这种时间压力的决定，是那些我们拥有充裕时间、无须依赖直觉评估的决定，因为我们有几个星期乃至几个月的考虑时间，而不用在几秒内给出结果。但克莱因讲的这个地下室火灾的故事，仍给我们上了重要的一课。需要注意的是，对于厨房中那个性命攸关的决策点，克莱因和格拉德威尔做了两种不同的描述。在克莱因的记述中，当他“意识到他也不是很清楚这里到底发生了什么”时，信号出现了。但在格拉德威尔的转述中，这个时刻却是，“这名消防员心中的计算机立即启动，轻轻松松地就从一片混乱中找到了一种模式”。在克莱因最初的描述中，这名消防员指挥官并没有对当时的处境做出准确诊断，也没有灵光乍现，想出一个十分有效的救火策略。相反，他实际上是避开了问题。（就当时的情况来看，他应该这样做。）在格拉德威尔的描述中，这名指挥官产生了“一个挽救了生命的洞见”。

这名指挥官用自己的行动挽救了生命，这一点无可辩驳。问题在于他是否产生了一个“洞见”。在这个关于地下室火灾的故事中，我认为最重要的是要认识到我们每个人都有盲点，我们对于某种处境的要素都有认识不全的一面。这名指挥官虽然有多年的消防经验，但他当时并未发现地下室着火这一隐匿真相，他只是觉得他遗漏了什么。而这种认知足以让他做出从建筑物内撤出的判断，以便找出火灾的真正原因。

几年前，时任美国国防部部长的唐纳德·拉姆斯菲尔德（Donald

Rumsfeld）因在一次新闻发布会上谈及伊拉克战争时提到“已知的未知”（known unknowns）而广受嘲讽，但他所指的这个概念，实际上是复杂决策中的一个关键概念。在体系内构建准确的心理地图需要智慧；同样，识别该地图上的空白点也需要某种智慧。之所以会有这些让人弄不明白的地方，或是因为你没有找到能够给你提供正确建议的利益相关方（如同华盛顿痛失助手纳撒内尔·格林一样），或是因为该情景中存在根本不为人所知的要素。

各类复杂情景会展现出截然不同的不确定性。多年前，海伦·里根（Helen Regan）、马克·科利文（Mark Colyvan）和马克·伯格曼（Mark Burgman）等学者发表了一篇论文，试图厘清环境规划项目可能面临的不确定性的所有种类，相关项目如温哥华水务局的审议和填埋集水池的决定等。最终，他们列出了 13 个不同的种类：测量误差、系统误差、自然变异、内在随机性、模型不确定性、主观判断、语义不明确性、数值模糊性、非数值模糊性、情境依赖性、歧义、理论术语不明确和指代不清。[9] 不过，对非专业人士而言，不确定性主要表现为三种形式，而每一种形式的不确定性都会带来挑战与机遇。借用唐纳德·拉姆斯菲尔德的话语，你可以把它们想象成“已知的未知”“不可及的未知”“未知的未知”。在我们描绘情景地图时，会出现这样或那样的错误，并由此导致不确定性的产生，而这些错误则可通过构建更好的地图来纠正。华盛顿对长岛地形缺乏了解就属于这种情况：在英军发起进攻前的那个关键时期，如果他和纳撒内尔·格林有过磋商，那么几乎可以肯定地说，他对豪可能采取的进攻路线会有更清晰的认识。有些不确定性涉及存在的信息，但无论出于何种原因，我们都无法获得这些信息。对华盛顿及其下属来说，他们非常清楚豪将军会对纽约发起某种形式的攻击，但至于后者的具体计划，美国人是无从获取的，当然这里的前提是他们没有在英军内部安插间谍。最后，有些不确定性源于所分析体系固有的不可预测性。即便华盛顿召集建立了全球顶级的顾问团队，但从 1776 年还比较原始的天气预报技术来看，他也无法提前 24 小时预测到从布鲁克林撤离的那天早上的那场不同寻常的大雾。

就艰难决策而言，识别和区分不同形式的不确定性是构建准确地图的重要步骤之一。在一个既定体系内，无论出于何种原因，我们通常都倾向于高估我们所了解的变量的重要性，而低估那些对我们来说模糊不清的要素的重要性。有个老笑话说，一个醉汉丢了钥匙，他跑到路灯下去找，而不是在他实际丢钥匙的地方找，原因是“那里的灯光更亮”。对于“已知的未知”，最好的策略是扩大顾问团队或利益相关方团队的规模，实现人员配备的多元化；找到你的“格林将军”，获取更准确的地形图；依据卫星图像，构建建筑物的比例模型。但同样重要的是，谨记那些难以克服的盲点，即通过构建更好的地图或通过开展实地侦察便可降低不确定性的地方。天气预报员在追踪飓风时会考虑“不确定性之锥”，他们会指出风暴最有可能的移动路径，但他们同时也会按照优先顺序列出更多的潜在路径。所有这些都在可能的范围之内。这个更广的路径范围就是“不确定性之锥”。气象组织会不断地发出警报，提醒生活在该区域内的人们采取预防措施，即便他们不处于风暴最有可能的移动路径之内。绘制决策地图也需要保持类似的警惕，你不能把关注点仅仅放到那些你认为有把握的变量上，你也需要了解盲点，了解那些“已知的未知”。

在某种程度上，这种对不确定性的拥抱与理查德·费曼（Richard Feynman）所描述的科学方法的基本技巧是相呼应的。对于该方法，费曼在其著作《这个不科学的年代：费曼谈科学精神的价值》（*The Meaning of It All: Thoughts of a Citizen Scientist*）中有一段著名的描述。

> 当这位科学家告诉你他不知道答案时，他是真的不知道。当他告诉你他有一种预感时，他是在表示不确定。当他有十足的把握时，他会告诉你“我敢打赌，事情就是这样”，但他心里仍有一丝疑虑。而最重要的是，为了取得进展，我们认可这种无知和疑虑。因为心存疑虑，所以我们需要为新的想法寻找新的方向。科学的发展速度并不仅仅是你观察事物的速度，更重要的是你创造新的测试事物的速度。如果我们无法找到新的方向，或者没有意愿去寻找新的方向，如果我们没有质疑精神或者不承认无知，那么我们就不会获得任何新的想法。[10]

在突袭本·拉登的决策过程中，一个决定性的特征就是对不确定性的持续关注。在很多方面，这种对不确定性的关注可以说是对美国政府以前在伊拉克大规模杀伤性武器问题上惨败的一种直接反应。当时，美国情报界根据所掌握的间接证据，非理性地认定萨达姆·侯赛因拥有核武器和化学武器。就抓捕本·拉登的决策过程而言，几乎在每一个阶段——从最开始的对建筑物的侦察到最后的突袭行动——分析师都会被要求对他们当前所掌握证据的充分性进行评估。2010年11月，分析师已经达成一种共识，即本·拉登极有可能藏匿在那栋建筑物内，但当莱昂·帕内塔就此在分析师和中央情报局其他官员中发起调查时，结果却显示确定性程度从60%到90%不等。不出意外，分析师给出的确定性程度低于早先参加过伊拉克大规模杀伤性武器调查的职业官员所给出的确定性程度。再者，分析师也更清楚，未知变量可以把一个看似稳操胜券的事件变得一团糟。

事实证明，在多个层面上，让人们对自己的自信水平进行评估是一个富有成效的策略。一方面，其他人可以据此判断你在信息处理方面的严肃程度；另一方面，这也可以让你充分考虑你在做判断时可能错过的信息。这是治疗过度自信这一经常出现的致命病症的良药，要知道，很多复杂决策的失败都源于过度自信。在最终导致本·拉登死亡的那个决策中，除了让人们评估各种不确定性，参与决策的高级官员——从帕内塔到奥巴马的反恐顾问约翰·布伦南（John Brennan）——还要求分析师一起挑战他们的假设，提升不确定性的程度。调查初期，有关“科威特”是否仍与本·拉登保持直接联系的问题依然疑云重重。中央情报局要求分析师对“科威特”的可疑行为给出替代性解释，即“科威特”与本·拉登不存在联系的可信的假设情景。有的分析师表示，“科威特”可能已经离开基地组织，现在正为其他某个亦需高度戒备的犯罪团伙效力，比如贩毒集团等。有的分析师则提出，“科威特”偷走了恐怖组织的钱，他是为保护自己而躲在该建筑物内。在其他假设情景中，“科威特”仍为基地组织效力，但住在该建筑物内的只是本·拉登的亲戚，而不是本·拉登这个恐怖分子头目。

随着时间的推移，中央情报局排除了所有替代性解释，越来越确信该建筑物与基地组织有着某种直接联系。但按照上司的要求，分析师仍需提出各种假设。正如彼得·卑尔根所写：

> 布伦南敦促他们拿出情报，以证明本·拉登并没有藏匿在阿伯塔巴德的那栋建筑物内。他称：“你说你所看到的一切都印证了你的观点，这种说辞我已经听够了。我们要寻找的是那些与我们的理论相悖的要素。所以，你的推论有什么不对的地方呢？”有一天，这些分析师返回白宫，在对情报进行更新时说：“建筑物内好像有一条狗。”奥巴马的副国家安全顾问丹尼斯·麦克多诺（Denis McDonough）回应道：“啊，这怎么可能呢？要知道，但凡有自尊心的穆斯林都不会养狗。”长期与中东打交道的、会讲阿拉伯语的布伦南指出，本·拉登于20世纪90年代中期在苏

丹生活时就养过狗。[11]

自一开始就发起的寻找矛盾性证据的行动，最终产生了更强有力的解读证据。这里所说的矛盾性证据，就是那些有可能瓦解团队慢慢建立起来的推论的证据。但不管怎么说，这种方法可以迫使你更清楚地看到真相，也可以迫使你更精确地查明指纹。

挑战假定，寻找矛盾性证据，对确定性程度进行评估排序——这些策略在决策过程的分歧阶段都是非常有效的，有助于拓展地图，提出新的解释，引入新的变量。中央情报局的分析师对该神秘建筑物所呈现出来的明显的变量进行了广泛审查，比如建筑物的设计、建筑物的地理位置、进出建筑物的人的信息等。同时，分析团队再进一步，加大了对不确定性的探索力度，比如找到了建筑物内的宠物，而这最终成了一条重要线索。当然，将过多时间用于探求不确定性，容易让人陷入哈姆雷特式的摇摆状态。亚马逊（Amazon）的杰夫·贝佐斯（Jeff Bezos）在做涉及不确定性的决策时一贯坚持“70% 法则”：他不会等到信心十足时才做选择——基于有限理性的本质，百分之百的信心可能永远不会有；相反，当不确定性程度下降到 30% 及以下时，贝佐斯就会启动决策按钮，做出选择。相对于完全确定的理性选择神话，“70% 法则”承认我们的视野会不可避免地被部分遮挡。通过测度“已知的未知”和盲点，我们可以避过完全依赖直觉的种种陷阱。但同时，70% 的门槛也让我们避开了追求百分之百确定性的囹圄。

到2010年年底，针对建筑物内居住者的调查工作进一步深入，第二个决策过程开启。这个决策过程更多的是围绕行动而非解读展开的。在认定乌萨马·本·拉登有相当大的可能性藏匿在该建筑物内后，时任美国总统的奥巴马及其顾问接下来要面临的问题就是如何采取行动。这一阶段涉及在第一阶段中至关重要的很多要素：对不确定性程度的探索和对多元化观点的接纳等。但这一阶段分歧探索的对象同第一阶段有着根本的不同。他们试图发现早先隐匿的线索，即有可能解释阿伯塔巴德那栋神秘建筑物的线索。除此之外，他们还试图在突袭本·拉登的问题上找到新的选项。就构建复杂决策地图的艺术而言，其中之一就是创作“全谱肖像画”，列出所有可能影响选择的变量。但在构建地图的过程中，也会出现新的选择。

### 跳出现有选项

20世纪80年代初期，俄亥俄州一位名叫保罗·纳特（Paul Nutt）的商学院教授开始对现实世界中的决策进行编目，就像植物学家对某片雨林中的各植物类型进行编目一样。多年来，决策理论家一直就决策过程中的各个阶段进行讨论：确定选择，评估已有的选项等。纳特想看看这些抽象阶段在无约束条件下是如何展开的。在1984年发表的初期研究中，他对美国和加拿大境内的公共和私人组织高管所做的78种不同决策进行了分析。这些组织涵盖广泛，从保险公司到政府机构，从医院到咨询公司，不一而足。纳特对参与者做了广泛而又深入的采访，重建了每一个决策，然后利用一个预先设定的决策阶段分类系统对各决策进行编目。有的选择仅仅是因循某种历史先例，采取已被证明的策略；有的选择沿着建议的路径寻求积极反馈，但从未考虑过替代路径（纳特称它们为“是或否”的决策）。一些更富有经验的团队会审慎考虑多种选择，并尝试对各选项的利弊做权衡比较。

在纳特的研究中，最引人注目的发现是：仅有 15% 的决策者会积极寻求新的选择。也就是说，除了一开始摆在台面上的选择，决策者还会谋求其他选项。在后期的一项研究中，纳特发现仅有 29% 的组织决策会考虑不止一种替代选择。在丹·希思（Dan Heath）和奇普·希思（Chip Heath）合著的《行为设计学——掌控关键决策》（*Decisive*）中，两位作者对纳特的研究以及一项有关青少年做决定的研究进行了对比。两项研究的结果大致相同：在面对生活中的个人选择时，仅有 30% 的青少年会考虑不止一种替代选择。（正如他们所指出的，“大多数组织所采用的决策流程，与一名激素分泌过剩的青少年所采用的流程似乎是一样的”。）多年后，纳特和其他研究人员令人信服地论证了替代选择的数量同决策最终成功之间存在着强相关关系。在一项研究中，纳特发现仅考虑一种替代选择的参与者，其决策最终失败的概率超过 50%，而考虑至少两种替代选择的参与者，其决策成功的概率约为 67%。如果你发现自己正在构建一个“是或否”的问题，那么最好将它转变成为一个“哪一个”的问题，因为后者会给予你更多的可选路径。

在寻找额外选项的过程中，多样性同样是一项关键资产。透过不同的视角审视同一个问题，不仅可以让你更清楚地看到影响所做决定的所有因素，也有助于你发现先前不易觉察的替代选项。（这是一个创新类文献与决策类文献相互重叠的领域：在这两个领域，多样性是拓展可能性空间的关键，而随着多样性空间的拓展，新的想法也会由此产生。）纳特的研究清楚地表明，在决策过程中专门设置一个阶段，用以认真考虑所有新的替代选项是极为重要的，因为这会让你自觉地抗拒该决策的最初框架，尤其是当这个框架是一个“是或否”的二选一框架时。

如果你恰巧遇到了一个单一路径决策，那么奇普和丹·希思设计了一个有助于跳出这种有限视角的思想实验。这是一个有趣的实验，它在某种意义上也是一个有违直觉的实验：有意减少你的选项。如果你的组织已经认定“路径 A”是唯一可行的路线，那么就设想一个“路径 A”行不通的世界。接下来，你会怎么做呢？“移除选项实际上是大有助益的。”希思兄弟写道，“因为这可以让人们注意到，他们是被困在了一大片土地的一小块地方。”回想一下 1775 年的布鲁克林地图：华盛顿详细地绘制了英军可能突袭纽约的两条主要路径——一是从海上对曼哈顿下城发起攻击，二是经由高旺高地，从陆上发起攻击。如果他接受过脑力训练，跳出这两个选项，那么即便纳撒内尔·格林不在场，他可能也会想到英军会绕经牙买加山口发起侧翼进攻。

## 给极端主义发言渠道

第十大道的延长线横贯第三十三街南部的曼哈顿西区，而与第三十三街平行的则是纽约中央铁路的货运列车线。在这条延长线上，由于很多行人和车辆与货运列车发生过致命交通事故，所以它又被称为“死亡大道”。1934 年，这条铁路线被搬到了高架桥上，用于运送制造和肉类加工中心的货物。该高架桥设在休斯敦街上方，沿途穿过多栋建筑物，直至曼哈顿中城。随着曼哈顿下城制造基地的消失，这条货运专线变得越来越无关紧要。1980 年，一辆三节车厢列车在运送完冷冻火鸡后，专线就停运了。

之后的 20 年里，这座高架桥被正式封存，不再用于公共服务。在被闲置的这些年间，大自然慢慢地收复了失地：轨道之间长满了齐腰高的野草。涂鸦艺术家在钢筋混凝土上喷涂各种作品。晚上，孩子们会偷偷爬到轨道上，在那里喝啤酒或抽大麻。对他们来说，这是一个平行宇宙，一个位于切尔西区喧嚣街道上空 30 英尺处的奇特的平行宇宙。但对轨道周边的大多数“官方社区”来说，这座高架桥实在有碍观瞻。更糟糕的是，它对公共安全造成了威胁。当地的一个商业团体对该专线的所有者——联合铁路公司（Conrail）发起诉讼，要求后者拆除高架桥。1992 年，州际商务委员会（Interstate Commerce Commission）支持上述商业团体的诉求，并做出裁定：必须拆除轨道。而在接下来的 10 年里，各方围绕由谁来支付拆除费用的问题争论不休。

然后，出人意料的事情发生了。在一次社区会议上，画家罗伯特·哈蒙德（Robert Hammond）和作家约书亚·大卫（Joshua David）碰巧有了一次对话，他们产生了一个共同想法，即重振这条高架铁路线。不过，重振的方式并不是让它再次成为运输平台，而是把它改建为公园。在最初提出这个想法时，朱利安尼政府（Giuliani administration）认为它不切实际并予以驳斥，但很快，支持的呼声就响起来了。摄影师乔尔·斯特恩菲尔德（Joel Sternfeld）拍摄了一系列令人难以忘怀的照片：废弃的轨道中间长满野草，在阳光下闪闪发亮，就好像是把北美大平原上的麦田运送到了后工业化时代的曼哈顿。几年后，该计划得到了富有远见的市公园规划与管理负责人阿曼达·伯登（Amanda Burden）以及时任纽约市市长的迈克尔·布隆伯格（Michael Bloomberg）的支持。一家公私合营公司筹集了数百万美元资金，用于工程改造。在20世纪90年代末，高线公园（High Line Park）一期项目面向公众开放：这是21世纪世界上最具创造力并广受赞誉的城市公园之一，同时也是纽约市重要的新增旅游景点。

不同于集水池，高架铁路不是自然资源，但就基本的历史概况而言，两者并非完全不同。作为城市资源，高架铁路在服务该市人口方面一度发挥着至关重要的作用，但后来，随着城市的扩展以及工业活动的转型，它被忽视和遗忘了。高架铁路的作用日趋式微，甚至还给城市带来了危险。不过，与填埋集水池的决定相比，纽约市在处理这一废弃设施的决定上采取了更具创意的方式。在长达10年的时间里，处理决定都是以拆除为前提的。这是一个经典的“是或否”的问题。显然，这座设施已经没有用处了——货运铁路已经停运，不再往返曼哈顿下城。所以，唯一真正的问题是如何拆除它。是纽约市还是联合铁路公司负责拆除？但在这个二选一的问题上，还隐藏着第三种选择，即迫使参与者以一种全新的角度考虑这一设施。从街面上看，高架铁路确实有碍观瞻。但从轨道上看，它却为这座城市提供了一个令人着迷的新视角。

我们已经看到，在做艰难选择时，参与者需要积极面对各种疑虑和不确定性。但最基本的质疑，往往是针对那些已经摆上台面的选项。做复杂决策并不仅仅是绘制影响各个选择的地形图。正如保罗·纳特在研究中明确表示的，它也涉及对新选择的发现。列举正反理由清单的做法，就像早先达尔文就是否结婚所列的各种理由一样，无疑是短视的。当你就某一项决定列举支持和反对理由时，实际上你已经将备选方案的潜在范围限定了：要么结婚，要么不结婚。但如果有其他更具创造性的方式可以达成目标或满足各利益相关方的冲突需求，那会怎样？或许这不是一个二选一的问题：拆除高架铁路或继续保留这一废弃的、危险的高架铁路。或许这一设施还可以被重新利用。

当然，这个挑战在于你如何启动大脑，去发觉隐藏在某处的第三种、第四种，甚或第五种选择。前文所提集思会的多学科结构无疑有助于达成此目标。同一处境下的其他利益相关方或许会觉察到你在正常情况下可能不会想到的选项，当然，这还是受制于个人视角的局限性。另外，正如奇普和丹·希思的思想实验所表明的，减少个人选项也是一个有用的策略。不过，我们还可以用另外一种方式来思考这个问题，而这也是与民主社会中集体决策有直接关联的一种方式。在高架铁路的存废问题上，最先想到把它改造成休闲娱乐场所的人，并不在已组建的决策团队中——他们既不是城市规划者，也不是当地商业团体成员。他们是生活和游走在社会边缘的人：涂鸦艺术家、擅自闯入禁地追求刺激的不速之客，以及寻求多视角观察一座城市的冒险者等。从根本意义上讲，最先探索高架铁路的人在有关该铁路未来的辩论中占有极端位置，因为他们占据的空间高于地面，且几乎没有其他人体验过。无论是从社会身份、生活方式选择，还是从所处的位置来讲，他们都是极端的、边缘的。即便从更传统的渠道来看，最先想到把高架铁路改建为公园的也应该是一名作家、一名画家或一名摄影师，而不是一名城市规划者或商业领导者。[12]

极端主义并不仅仅是对自由的潜在的防御，它往往还是不为主流社会所发现的新理念和新决策路径的来源。最重要的社会变革起初表现出来的都是“极端”立场，远非传统智慧的中间立场。在一个社会中，如果极端主义失去了有效的发言渠道，那么这个社会也就不会发生根本性的变革。普选权、气候变化、同性婚姻、大麻合法化——所有理念最初都是以“极端主义”立场出现的，与主流社会立场相去甚远。但随着时间的推移，它们逐渐成为绝大多数人的共识。举例来说，在1880年宣称女性拥有选举权是一种极端立场，但现在来看，仅允许男性参与选举的观点无疑是荒谬的。除了冥顽不化的性别歧视者，这已成为其他所有人的共识。当然，也有很多极端主义立场最终被证明是死胡同，甚或更糟：在当前的政治光谱中，“9 · 11”否认者和白人至上主义者就是极端主义者。但在市民生活或城市公园规划中，如果我们压制所有的极端意见，那么我们将很难找到真正有创意的新路径。

### 评估每条路径的后果

并非只有局外人才能揭示早先无法想象的选择。有时，位于决策链顶端的人也会发现新的路径。比如，曾任美国总统的贝拉克 · 奥巴马显然具有甄别替代选项的天赋。“顾问们会设法将选择范围缩小至选项A或选项B，再把他们所倾向的选项提交给总统。”马克 · 鲍登（Mark Bowden）在描述针对本 · 拉登的突袭行动时写道，“一切都取决于问题的建构方式。但这种方法在奥巴马那里没有一点儿机会。他会听取选项A，也会听取选项B，并会提出很多好的问题。更多时候，他会提出一条完全不同的路径——选项C，仿佛那是从他的大脑里蹦出来的一样。”[13]

2011年冬末，针对本 · 拉登的调查行动从确定建筑物内居住者的身份阶段转向如何以最佳方式对该建筑物发起突袭的阶段。尽管有卫星影像辅助，但没有人确切地知道藏匿在这栋建筑物内的神秘人物实际上就是基地组织的主谋。不过，调查行动组当时已经有了发起军事行动的足够理由。问题是，该发起什么样的行动？起初，提交给奥巴马的方案有两个：利用直升机发起突袭，特别行动小组无须摧毁目标建筑物就有可能击毙或抓获本·拉登；利用B-2轰炸机，以30枚精确制导导弹摧毁目标建筑物以及建筑物内的所有地下设施。但这两个方案都不理想：若采用直升机突袭方案，则需要绕开巴基斯坦方面，秘密飞入巴方领空，但美国在这方面是有前车之鉴的——1980年吉米·卡特以此方式营救伊朗人质时就曾遭遇灾难性后果；轰炸方案易于执行，但很可能连带摧毁邻近住宅，造成重大平民伤亡，还会消灭目标建筑物内的所有潜在证据——最重要的是，有关本·拉登毙命的证据也会因之消失。

面对这两个带有明显缺陷的方案，奥巴马敦促他的团队寻找其他可能性，就如同早先在确定建筑内居住者身份时敦促他们寻找矛盾性证据一样。最终，该团队选出了四个方案：B-2轰炸机；特别行动小组突袭；无人机定点清除——利用试验性高精度制导导弹直接袭击“目标人物”，这可以最大限度地减少对建筑物及其周边社区所造成的连带损失；同巴基斯坦方面采取联合行动，这可以消除未经巴方同意而擅自飞入该国领空所引发的风险。

在对目标建筑物做了全面分析并制订潜在攻击方案之后，奥巴马及其团队开始换挡加速。他们不再收集阿伯塔巴德地区的实地证据，不再专注于揭示“隐藏的概况”，不再专注于绘制潜在路径，而是将重点放到了各方案的后果上。每一条路径都预示着一系列可能的未来，其所产生的下游效应或会持续很多年。同所有充满远见的决策一样，在追捕本·拉登的行动中，奥巴马和他的团队在决策中也必须认真考虑所做选择的后续影响。

决策地图是一个强大的隐喻。在面临艰难抉择时，你试图描绘周边真实的和虚拟的地形地貌：盘点所有能发挥作用的力量；勾勒出所有可见的区域，而对于盲点，至少要做到心中有数；绘制导航区域内所采取的潜在路径。当然，在某种意义上，决策地图概念具有误导性——地图定义了当前的地形地貌。也就是说，地图被时间冻结了。相反，做一个决策则可能需要数天、数周，乃至数年。选择正确的路径，不仅取决于我们对系统现状的理解，也取决于我们对系统发展的预测。在做复杂决策时，你需要全面评估事物状况，并列出所有可能的潜在选项。此外，在做出最终选择之后，你还需要一个涵盖面广泛的资料模型，以便了解事物的发展态势。构建复杂多变量系统的心理地图可谓挑战重重，但更具挑战的是预测未来。

# 第二章　预测：模拟未来事件的走向

那么，让他到大陆去吧，我们不必对他的未来做出预测。在一切错误中，预言是最微不足道的。

——乔治·艾略特，《米德尔马契》

就脑功能科学的发展史来看，在大部分时期，它都严重依赖于灾难性损伤。科学家开展脑解剖已经有几百年的历史了，但直到现代神经成像工具［如正电子发射体层显像（PET）和功能性磁共振成像（fMRI）］出现之后，我们才能实时追踪血液在脑区中的流动，而在此之前，要想分辨大脑的哪个区域负责哪种思维状态是极为困难的。我们对大脑功能的大多数了解都是建立在案例研究基础之上的，比如菲尼亚斯·盖奇（Phineas Gage）。盖奇是19世纪的一个铁路工人，他在一次作业中被铁棒刺穿左额叶，但侥幸活了下来，不过自此之后，他的性格大变，与之前形成了鲜明对比。在神经成像工具出现之前，如果你想弄清楚大脑的某一特定区域的功能，你就需要找一个因某种严重事故而失去这部分功能的人，然后弄明白这种损伤给他们造成的后遗症。如果他们失明了，那么该损伤一定影响了他们的视觉系统；如果他们得了健忘症，那么大脑的受损区域一定与记忆有关。

这种研究人脑的方式是极为低效的。在 20 世纪 70 年代和 80 年代，PET 和 fMRI 技术分别问世，为健康大脑的研究带来了曙光。神经系统科学家对此自然兴奋不已。但他们很快就意识到，这首先需要确定一种基线状态（baseline state），因为只有在这种状态下，新技术的扫描才有意义。毕竟，血液时时刻刻都在脑中流动，所以你在 PET 和 fMRI 中寻找的是血液流动的变化：一个区域内活动激增，另一区域内活动骤减。比如，在播放巴赫奏鸣曲的 fMRI 室内，当你通过扫描看到听觉皮层活动激增时，那就说明颞叶的这个特定区域在听音乐中发挥着作用。但要想看到这种活跃的状态，你首先得有一种可与之对比的静息状态。因此，只有追踪不同状态下的差异以及脑中血液流动的不同模式，扫描才有意义。

多年来，科学家认为脑的活动并没有那么复杂。将研究对象置于扫描仪下，让他们保持放松状态，什么也不做，然后让他们按照你的研究要求行事：听音乐、说话、下棋。在他们处于静息状态时，你对其进行一次脑扫描，然后在他们处于活跃状态时，你再进行一次脑扫描。之后，你通过计算机对两次扫描结果进行对比，分析差异所在，构建图像，突出血液流动的变化情况——这就像现代的天气图，它能向你展示朝某一都市区移动的一场风暴的不同强度。20 世纪 90 年代中期，艾奥瓦大学（University of Iowa）的脑科学研究人员南希 · 安德烈亚森（Nancy Andreasen）在通过 PET 设备开展记忆实验时发现了不同寻常的结果。静息状态下的扫描测试似乎并未表明脑皮层活动减弱。相反，特别是当她告诉实验对象保持静坐状态、不做任何事情时，这往往会触发他们脑中一种非常特别的主动刺激模式。在 1995 年发表的一篇论文中，安德烈亚森指出了该模式的一个额外细节：在静息状态下被激发的这些系统，是非人灵长类动物脑中极不发达的一些系统。“显然，当心智以一种自由的、不受约束的方式思考时，”安德烈亚森推测道，“它使用的是人最高等的、最复杂的脑区。”

很快，其他研究人员纷纷跟进，也开始探索这一奇怪的行为。许多研究发现，在静息状态下，脑的活跃程度超过先前所认为的活跃程度。不久之后，科学家便将该活动的重复模式称为“默认网络”（default network）。1999 年，威斯康星医学院（Medical College of Wisconsin）以 J. R. 宾德（J. R. Binder）为首的研究团队在其发表的一篇颇有影响力的论文中暗示，这个默认网络涉及“从长期记忆中检索信息，以心理图像和思想形式在自觉意识中呈现信息，以及对这些信息的处理和加工，以便用于问题的解决和方案的规划”。换句话说，在完全放飞思想时，我们的心智会进入一种状态，而在这种状态下，它会把记忆和预测融合起来，会思考问题，会谋划针对未来的战略。宾德进一步对这种心智活动的适应价值进行了研究。“通过存储、检索和加工处理内部信息，我们组织了在刺激呈现过程中无法组织的内容，我们解决了需要长时间计算的问题，我们为未来创建了有效的行为计划。对于人类的生存和技术的发明，这些能力无疑发挥了重要作用。”他说。

对于这些发现，我们可以用一种更简单、更易理解的方式加以描述，即人类的白日梦。无须 fMRI 设备，我们自己便可识别这种行为。技术所揭示的无非是做白日梦所需的能量。从神经活动的水平来看，进入白日梦状态就像做了整套健身运动，而参与其中的脑区恰恰是人类所独有的。为什么我们的大脑会将如此多的资源投入像做白日梦这种平淡无奇且看似毫无成效的事情上呢？鉴于这种神秘现象，另一支研究团队对我们在做白日梦时的所思所想展开了研究。社会心理学家罗伊·鲍迈斯特（Roy Baumeister）最近发起了一项细致的调查研究：在芝加哥随机挑选 500 人，然后询问他们受访时刻的所思所想。鲍迈斯特发现，如果当时受访者手上没有紧迫的具体任务，那么他们极有可能思考未来——从技术上讲，即想象还没有出现的事件和情绪。他们思考未来的概率是思考过去的四倍（而即便他们考虑的是已过去的事件，这些事件通常也与他们的未来前景有着某种关联）。如果你退后一步，仔细想一想，就会发现这里有一个令人费解的谜团：人类似乎将相当多的时间用来思考实际上并不存在的事件及想象中的事件，因为这些事件尚未发生。这种未来取向最终被证明是脑的默认网络的明确特征。

在自由畅想时，我们的大脑会自然而然地进入对未来的想象之中。我们并不像 F. 司各特·菲茨杰拉德（F. Scott Fitzgerald）在《了不起的盖茨比》(*The Great Gatsby*)的结尾所描述的那样：……逆水行舟，不断地被浪潮推回到过去。事实上，我们的大脑会溯流而上，在任何可能的情况下都会沉思未来。

心理学家马丁·塞利格曼(Martin Seligman)最近声称，这种为未来事件建立工作假说的能力，即可改变我们在现实生活所做决策的长期预测的能力，是人类智能的明确属性。“最能区分我们和其他物种的，”他写道，“是科学家刚刚认识到的一种能力：我们思考未来的能力。我们有着非凡的远见卓识，正是这种远见卓识创造了文明，维系着社会……就我们这个物种而言，一个更适合的名称是‘未人’(Homo prospectus)，因为我们的繁荣得益于我们对前景的思考。正是这种预测能力，让我们变得明智。无论是有意识的还是无意识的，展望未来是我们人类大脑的核心功能。”

非人动物是否具有真正意义上的未来概念，尚不得而知。有些生物体展现出的行为暗含长期考虑，比如松鼠为过冬埋藏坚果，但这些行为无不出于本能，源于基因而非认知。关于动物的计划问题，最先进的研究结果表明，动物提前规划的时限仅以分钟计。基于前景预测，提前几个月或几年做出决策，就算是与我们人类最近的灵长目动物也无法做到。即便是一些简单的规划，比如在 12 月安排来年的暑假，对它们来说也是不能想象的。真相就在于，我们总是不断地对未来事件做出预测，而这些预测则引导我们在现实生活中做出选择。如果没有预测未来的能力，我们就是一个完全不同的物种。

## 复杂系统难预测

我们的大脑已经进化出了一个喜欢思考未来的默认网络，但这并不意味着我们在预测未来事件时会做到准确无误，尤其是那些持续时间很长的多变量事件。几十年前，政治学教授菲利普·泰特洛克（Philip Tetlock）开展了一系列著名的预测竞赛活动：评论员和公共知识分子受邀对未来事件做出预测。泰特洛克组建了一支由 284 名“专家”组成的团队。团队成员来自各种不同领域的机构，且持有各种不同的政治观点，他们中有政府官员，有世界银行（World Bank）等机构的雇员，也有经常在主流报纸评论专栏发表文章的公共知识分子。泰特洛克的实验的亮点之一，就是他试图测量斯图尔特·布兰德（Stewart Brand）所谓的“长远视角”（the long view）——不是新闻周期的日常变化，而是社会中更缓慢的、更重要的变化。从所预测的事件来看，有的参与者预测的是未来一年中的事件，有的参与者预测的是未来 10 年中的事件。从性质来看，大多数问题都与地缘政治或经济有关：在接下来的 10 年里，会有成员国退出欧盟（European Union）吗？在接下来的 5 年里，美国会出现经济衰退吗？

在整个研究期间，泰特洛克收集了 28 000 份预测。随后，他采取了一个重要的方法，而这个方法是报纸专栏作家和有线电视新闻评论员几乎从未想过的：泰特洛克将参与者的预测同现实世界中的结果进行比较，然后按照比对后的准确程度给他们打分评级。作为一种控制，泰特洛克将人类预测同简单的算法版本相比较，比如“总是预测不变”或“假定当前的变化率维持不变”等。如果预测的是 10 年内美国赤字的规模，那么一种算法会直接回答：“和现在一样。”另外一种算法则会计算赤字的增长率或下降率，然后据此计算未来 10 年的赤字情况。

在评估完所有预测之后，泰特洛克发现最终结果极为糟糕。大多数所谓的专家给出的预测结果，其准确率与大猩猩投掷飞镖命中的概率大致相当。在有关长期趋势的预测上，这些专家的表现甚至不如随机猜测。事实上，简单的算法预测（“目前趋势将会持续下去”）超过了很多专家。泰特洛克由此发现了一种普遍现象：专家的知名度同预测的效力之间存在负相关关系。一个人在媒体的曝光度越高，其预测的价值可能就越低。

泰特洛克最终于 2009 年在其专著《狐狸与刺猬：专家的政治判断》（*Expert Political Judgment*）中发表了这些研究结果，后被媒体广泛报道。这多少有些讽刺意味，因为泰特洛克的研究结论似乎恰恰削弱了媒体观点的权威性。不过，泰特洛克也确实提供了一个具有统计学意义的专家分组，而即便是在长期预测上，这些专家的表现也优于大猩猩。他们所做预测的准确率远高于整体水平，这里面一定有某种原因，让他们在长远问题上看得比其他人更清楚。于是，泰特洛克将目光转向了一个更为有趣的谜题：是什么将成功的预测者同庸人区分开来的？常见的可疑因素并未包含在内，比如他们是否持有博士学位，是否拥有更高的智商，是否来自知名机构，是否享有更高的安全等级等。这与各人的政治信仰也毫无关系。“至关重要的因素，”泰特洛克写道，“是他们如何思考。”

> 有一组人倾向于围绕“大理念”（Big Ideas）展开思考，而至于所围绕的理念是对是错，他们则没有达成一致意见。有的人是环境末日论者（“我们将耗尽一切”）；有的人是丰饶论者（“我们可以为一切找到划算的替代品”）。有的人是社会主义者（他们支持国家对经济的控制）；有的人是自由市场原教旨主义者（他们希望最大限度地减少监管）。尽管在意识形态上存在分歧，但他们都有着强烈的意识形态思维，并因此而走到一起。他们试图将复杂问题压缩到选定的因果模板中，而不适于该模板的则置之不理……如此一来，他们就会变得异常自信，更倾向于宣布这件事是不可能的或那件事是肯定的……另外一组由更务实的专家组成，他们掌握很多分析工具，并依据不同的问题选择不同的工具。这些专家通过尽可能多的渠道收集了尽可能多的信息……他们谈论可能性和概率，而非确定性。虽然没有人喜欢说“我错了”，但这些专家更容易承认错误，并会改变自己的想法。[1]

泰特洛克借用了以赛亚·伯林（Isaiah Berlin）传奇作品中的一个隐喻，而这个隐喻本身出自古希腊诗人阿尔基罗库斯（Archilochus），即“狐狸知道很多事情，而刺猬只知道一桩大事”。对于这两种类型的预测者，泰特洛克分别冠以“刺猬”和“狐狸”的称号。在他的分析中，狐狸派——善于利用各种潜在资源，愿意承认不确定性，不执迷于某种重大理论——在预测未来事件时的表现要明显优于“一根筋”的专家。狐狸派是全谱，刺猬派是窄带。在试图弄清复杂、多变的情况时，比如国民经济、计算机发明等技术进展，单一专业领域或基于世界观的统一视角将会让人难以预测未来的变化。从长远看，你需要通过各种资源来获取线索。半吊子和业余爱好者的表现优于立场一致的思想家。

此外，泰特洛克还注意到了成功预测的另一种有趣的特性，而这种特性源于对人格类型而非方法论的研究。心理学家经常提及定义人格结构轴心的“五大特质”：认真性、外倾性、宜人性、神经质，以及经验开放性，而经验开放性有时也被称为好奇心。在依照这些基本类别对预测者进行评估时，泰特洛克发现了一种显著的特性：作为一个群体，成功的预测者更容易接受经验。“如果你问：‘谁将会赢得加纳的总统大选？’对大多数非加纳人来说，这个问题毫无意义。”泰特洛克写道，“他们不知道从哪里开始，或者觉得没必要费心。但当我拿着这个假定问题，问其中一名成功的预测者的反应时，他简单地回答说：‘不错，这是一个了解加纳的机会。’”[2]

但泰特洛克的超级预言者并不是预言家。作为一个群体，他们在未来预测方面的表现比一般的刺猬派高约 20%，也就是说，他们仅是险胜。历史上，关于人们未能预见重大事态进展的记载，可谓汗牛充栋，而事后来看，这些进展都是显而易见的。比如，几乎没有人预见联网个人电脑。从 H. G. 威尔斯（H. G. Wells）设想的“全球脑”开始，很多科幻小说的叙事都描述了某种集中式的、建立在机械之上的超级智能，它们可为人类社会所面临的最重大的问题提供建议。但几乎没有人想到电脑会成为普通家用设备——廉价、便携，并可用于日常工作和生活，比如阅读问答专栏或查看体育赛事比分等，即便是那些专职预测社会未来发展的人，也没敢这么想！［1947 年发表的短篇小说《一个叫乔伊的逻辑》（*A Logic Named Joe*）是个例外，该小说所描述的设备与现代个人电脑极为相似，也像谷歌（Google）一样具备搜索查询功能。］

同科幻小说未能预见联网个人电脑一样，我们对未来交通运输发展的预测也存在重大纰漏。20 世纪中期的大多数科幻小说作家都认定太空旅行会在该世纪末成为常见的民间活动，但却严重低估了微处理器的影响，因而也就出现了科幻小说学者加里·韦斯特法尔（Gary Westfahl）所称的“太空飞船飞行员疯狂操纵计算尺以重新计算航向的荒诞情景”。[3] 在某种意义上，设想人类将火星变为殖民地比设想他们通过电脑查询天气或通过电脑与朋友聊天容易得多。[4]

为什么联网个人电脑很难被预测？这是一个重要的问题，因为有各种力量使得我们最富远见的作家远离了对数字革命的想象，同时也使得他们严重高估了太空旅行的未来。透过这些力量，我们可以充分了解到，我们在预测复杂系统的行为时为何会失败。最简单的解释就是韦斯特法尔所说的“推论谬误”（fallacy of extrapolation）。

> 有一种假设认为，已确定的趋势将始终会以同样的方式进入未来，并无限延续下去。比如，乔治·奥威尔（George Orwell）在20世纪40年代观察到极权主义政府数量的稳步增加，由此预测这一趋势会持续下去，直到1984年极权主义政府统治全世界为止……同其他很多评论员一样，罗伯特·A. 海因莱因（Robert A. Heinlein）也注意到，在19世纪，社会对人们着装的要求越来越宽松，因而他在1952年发表的作品《到哪儿去？》（*Where To?*）中充满信心地预测，未来社会将会完全接受公共场合的裸体行为。[5]

太空旅行是现实生活中关于推论谬误的一个终极案例。从大约1820年开始到1976年左右，也就是从铁路的发明时起到协和式飞机的首次超音速飞行时止，人类物种的最高速度一直在显著提升。从时速40英里的飞速机车——这是当时人们所能乘坐的速度最快的交通工具——到超音速的喷气式飞机和火箭，我们仅仅用了一个世纪，而速度则提升了20多倍。从逻辑上看，这个趋势似乎会一直持续下去，人类旅行很快就会达到时速20 000英里。如此一来，从地球飞往火星与乘坐喷气式飞机横跨大西洋也就相差无几了。但理所当然地，最高速度的上升曲线遭遇了一系列未曾预见的障碍，其中一些涉及物理定律，另外一些与世界各国减少对太空项目的资助有关。事实上，随着协和式飞机的退役，在过去的20年里，平均来看，民用飞机飞行的最高速度实际上是在下降的。殖民火星的预测以失败告终，因为当前的发展趋势不再处于持续稳定的状态。

至于个人联网电脑，则是另外一个问题。在大约一个半世纪里，交通运输的速度更容易被预测，因为发动机的设计涉及数量有限且相对稳定的一些学科。这包括热力学和机械工程等，可能也涉及化学，因为要对不同的推进动力源进行测试。但就现代数字电脑的发明来看，它所涵盖的学科领域则更为广泛。计算虽然始于数学，但后期却依赖于电机工程、机器人技术和微波信号处理，以及用户界面设计等全新领域。当这些不同的领域都以正常的速度发展时，改变类别的突破就出现了，而这恰恰是难以提前预测的阶跃变化。芯片价格的大幅下降，与固体物理学的进步是分不开的，这种进步可以让我们以半导体为“逻辑门”，但更重要的是它得益于供应链管理的提升——在一个地方生产的零部件，可被运抵另一个地方用于苹果手机等设备的组装。

这就是很多聪明人在个人电脑领域存在盲点的原因。要想预测它的到来，你就得知道编程的符号语言将会超越早期计算的简单数学运算；你就得知道硅和集成电路将会取代真空管；你就得知道无线电波可被用来传输二进制信息而非模拟波形；你就得知道射向阴极射线屏的电子是可以被精确控制的，并会形成易读的字母数字字符；你就得知道去中心化节点之上可以形成稳定网络，且无须任何主设备控制整个系统。而要想弄清这一切，你就得成为一名数学家、一名供应链经理、一名信息理论家和一名固体物理学家。就所取得的成就而言，19世纪和20世纪的物理加速度只不过是一个单一主题的变异：燃烧某种东西，并将燃烧释放的能量转换为运动。但计算机是一部浑然天成的交响乐。

泰特洛克实验中的专家和科幻小说作家的短视，或许只是表明地缘政治和信息技术等复杂系统从根本上讲是无法被预测的，因为它们涉及太多变量，且涉及太多不同的领域。若是如此，我们怎么可能做出更好的长期决策呢？要想做出成功的决定，你就必须充分了解你所选择的路径。如果前方的道路是模糊的，那也就谈不上远见了。

在预测复杂系统的未来行为方面，是否存在我们已经取得重大进展的领域？这里的重大进展，并不仅仅是指超级预测者的渐进提升。如果存在这样的领域，那我们又可以从中学到什么呢？

### 随机对照：达尔文水疗法

在做出结婚这个重大决定几年之后，达尔文遭到了一种神秘疾病的袭击，呕吐不止，这种状况一直伴随着他走到生命终点。得病后，医生建议他离开伦敦，去外地疗养。他们并不是简单地把他送到乡下，让他在那里稍做休息和放松，而是有着更具体的干预计划——送他去接受水疗法。

达尔文最终接受了医生的建议，而在此之前，他的很多知识分子同行也都接受过这种疗法：阿尔弗雷德·丁尼生（Alfred Tennyson）、弗罗伦斯·南丁格尔（Florence Nightingale）、查尔斯·狄更斯，以及乔治·艾略特的伴侣乔治·亨利·刘易斯（George Henry Lewes）。达尔文前往的水疗诊所位于莫尔文镇，临近当地有名的天然泉。该诊所是由詹姆斯·曼比·格利（James Manby Gully）和詹姆斯·威尔逊（James Wilson）两位医生创建的，达尔文前往该诊所时，它已开办10年了。用现代的话来讲，莫尔文诊所可以归到“整体”健康疗法的极端类别，但在当时，它与真正的医学并无太大区别。达尔文多次前往莫尔文，并写了很多信，反复思考水疗法的科学有效性。（正如我们接下来将要看到的，他有理由对此感到忧虑。他人生中的一场重大悲剧就是在莫尔文发生的。）格利和威尔逊设计的疗法包括向患者身上倾倒大量冰水，再用被单将他们包裹起来，迫使他们静躺数个小时。格利对于每一种所能想象到的整体疗法或精神疗法都很感兴趣，且乐意采用。达尔文在一封信中记述了这名医生对他自己家人进行的“医学”干预，不无嘲讽。“当他女儿病重的时候，”他在提及格利时写道，“他让一名通灵女孩向他报告体内变化情况，让一名催眠师为她催眠，还请了顺势疗法医生……而他自己本身就是一名水疗法医师。”[6]

尽管心存疑虑，但达尔文持续往返莫尔文的事实表明，他仍认为这种水疗法是具有某种真实疗效的。离开受到污染的、嘈杂的伦敦，连续几个星期饮用安全的洁净水——仅是这样一种简单的做法，对身体的康复想必也是有益的。[7]但该诊所采用的特殊疗法，几乎可以肯定地说，对患者的病情没有任何积极作用，当然，心理安慰作用可能还是有一点儿的。虽然水疗法没有任何医学价值，但这并不能阻止格利和威尔逊成为闻名全英国的“神医”。

在某种程度上，他们的这种声誉与这样一个事实有关，即水疗法的效果超过了同一时期很多常见的医学干预的效果：砒霜、铅和放血等仍是大多数知名医师常开的处方或常采取的疗法。回想一下那个时期的一些工程成就和科学成就，比如达尔文的“危险的思想”和铁路等，你会觉得非常怪异，因为医学专业知识仍停留在黑暗时代的神秘主义阶段。达尔文面临着一个极具挑战的决定：对于这种导致身体严重衰弱的疾病，我应该采取什么样的治疗方法？从根本上讲，他有两个选项：我应该让医生往我身上倒一桶冰水，还是应该选择水蛭疗法？

放到今天来看，这样的选择是荒唐可笑的，但为什么会出现这样的情况呢？维多利亚时代的人在很多领域都是伟大的高成就者。但在医学方面为什么会如此不堪呢？一种颇有说服力的观点认为，从整体来看，维多利亚时代的医疗业违背了希波克拉底誓言，而医生采取的干预措施弊大于利。在这样一种环境中，对维多利亚时代的普通人来说，忽视所有的医疗建议比重视任何医疗建议都强。

这种奇怪现象的背后有很多原因，其中之一就是：维多利亚时代的医生无法通过任何可靠的方式预测未来，至少无法预测疗效。他们或许会向你承诺，用冰水浇淋身体或服用砒霜能治好你的结核病，但他们根本不知道他们的治疗方法是否有效。每一个医学预言都是建立在逸事、直觉和道听途说之上的。而之所以缺乏远见，部分原因是维多利亚时代的医生不具备我们现在常见的医疗工具：X 光机、fMRI 扫描仪和电子显微镜等。此外，他们也缺少一种概念工具：随机对照试验（RCT）。

1948 年，《英国医学期刊》（*British Medical Journal*）刊发了一篇名为《肺结核的链霉素治疗》（“Streptomycin Treatment of Pulmonary Tuberculosis”）的论文，对新型抗生素治疗肺结核患者的疗效进行了分析。该论文由很多研究人员共同完成，但牵头和负责的是英国统计学家、流行病学家奥斯汀·布拉德福德·希尔（Austin Bradford Hill）。利用链霉素治疗肺结核确实是医学的一大进步，但希尔的研究之所以具有非凡的革命意义，并非因为研究内容，而是因为研究方法。《肺结核的链霉素治疗》被广泛认为是医学研究史上最先引入随机对照试验方法的论文。

有些发明改变了我们操纵这个世界上的物质的方式，还有一些发明改变了我们操纵数据的方式，而这些新的方法则可以让我们看到我们先前无法看到的数据模式。同其他所有随机对照试验一样，肺结核实验也依赖于某种群体智慧。仅仅给一两名患者施用抗生素治疗，然后上报患者的生死，这是不够的。希尔的链霉素研究涉及 100 多名研究对象，他们被随机分成两组，一组接受抗生素治疗，一组服用安慰剂做对照。

一旦你把这些要素（足够大的样本规模和随机选定的对照组）放到一起，神奇的事情就发生了：你拥有了一个可以将真正的医学干预同江湖医术区分开来的工具。你可以对未来事件做出预测——就该案例而言，你可以预测给肺结核患者开链霉素处方的结果。当然，你的预测并不总是百分之百的准确，但对医生来说，这是他们第一次研究出真正严谨的因果关系链，哪怕他们并不了解这些链条背后的全部动因。如果有人提出水疗法在治疗结核病方面效果更佳，那么你可以通过实证分析验证这个假说。几乎是在第一时间，随机对照试验就开始改变医学史的进程了。在结核病试验结束仅仅几年之后，希尔又开展了一项里程碑式的随机对照试验，分析了吸烟对健康的影响。这可以说是第一次以合理可靠的方法证实了吸烟有害健康。

关于随机对照试验，一个有趣的问题就是它在科学进步舞台上出现的时间太晚了。直到我们有了足够强大的、可以观察细菌和病毒的显微镜之后，细菌理论才得以确立。众所周知，弗洛伊德（Freud）放弃对脑的生理工作的研究，是因为他无法获得像 fMRI 扫描仪这样的扫描工具。但随机对照试验这个想法并不会受到未被发明的工具的阻碍。你在 1748 年就可以轻松地开展一次随机对照试验。[ 事实上，英国随船医生詹姆斯 · 林德（James Lind）当时在调查维生素 C 缺乏病的原因时差一点儿就发现了这套方法论，但他采用的技巧从未流行开来，而林德本人似乎也不完全相信自己的实验结果。[8] ]

在与格利医生互动以及接受水疗法期间，达尔文也努力研究出了一套随机对照试验体系。他分类记录了每次治疗的日期和持续时间、治疗前后的身体状况，以及第二天晚上的状态。[9]（放到现在，达尔文或许会成为一个忠实的 Fitbit① 用户。）就我们现在所称的“量化自我”（quantified self）的这一雏形来看，其核心是一个非常严肃的科学问题：达尔文在寻找数据模式，据此判断格利是江湖郎中还是富有远见的医生。他就自己的身体状况开展了一次序贯实验。该实验的结构缺少一些基本要素：你不能就单一对象开展随机对照试验，你需要某种“对照”来测量干预的效果。注重细节的达尔文虽然记下了他的水疗法实验，但从根本上讲，他无法给自己施以安慰剂。

在接下来的几十年里，有一种声音从微弱到宏大，越来越多的人开始认识到一种新的统计方法或可用来评估不同的医学疗法干预的效力，但没有人知道这种方法会带来多大的革命性。迟至 1923 年，医学期刊《柳叶刀》（*The Lancet*）提出了这样一个问题：“有人认为将数值方法应用于医学主题是毫无意义的、浪费时间的奇技淫巧，有人则宣称这是我们的艺术发展的一个重要阶段，孰是孰非？”现在回过头来看，这样的设问可以说是太天真了。（“这种新的字母书写技术真的非常重要吗，或者最终证明只是昙花一现？专家意见不一。”）但现在我们知道，随机对照试验绝不仅仅是《柳叶刀》所言的“我们的艺

① Fitbit 是美国旧金山一家致力于研发和推广健康乐活产品的公司，其记录器产品名扬世界。——编者注

术发展的一个重要阶段”。事实上，这个突破把医学从艺术转变成了科学。那些需要治疗某种疾病或病痛的患者，在面临困惑选择时，第一次有了可以借鉴其他人经验的机会，也就是说，他们可以从数百个乃至数千个面临相似挑战的人那里学习经验。随机对照试验让人类有了一个超强的新武器，这就好比是数字电脑强大的运算能力或喷气发动机突破性的推进力一样。在我应采取何种方法治疗疾病这个复杂的决策领域，我们现在已经可以敏锐地预测未来，而仅仅在四代人之前，这还是难以想象的。

### “皇家宪章”：第一代气象预测

1859 年 10 月 25 日，从墨尔本出发的、满载澳大利亚“淘金热”货物的铁甲远洋轮船“皇家宪章号”（*Royal Charter*），在历经 14 000 英里的航行之后，几近抵达目的地利物浦。但不巧的是，当天下午晚些时候，海上起风了。有传闻表示，尽管气压开始急剧下降，但船长托马斯·泰勒（Thomas Taylor）仍拒绝了避风进港的建议。在距离利物浦如此近的地方，选择避开风暴而不是赶在风暴之前抵达目的地，似乎没有道理。然而，没过几个小时，一场罕见的大风暴就席卷了爱尔兰海。船长立即放弃靠近利物浦，开始降帆，决定就近靠岸，但狂风巨浪很快就吞没了这艘轮船。在飓风级别的超强大风的吹打下，“皇家宪章号”在靠近安格尔西岛的威尔士镇撞上岩石，当时距离利物浦仅有 70 英里。轮船被撞成三截，然后沉入海底。此次事故造成大约

450 名乘客和船员死亡，其中很多人死于轮船与岩岸的剧烈撞击。

这场后来被称为“皇家宪章”的风暴，最终夺去了近 1 000 人的生命，还造成英格兰、苏格兰和威尔士海岸沿线数百艘船只被毁。在风暴发生后的几个星期里，罗伯特·菲茨罗伊（Robert FitzRoy）——达尔文环球旅行中搭乘的“小猎犬号”勘探船的船长——在他位于伦敦的办公室里翻阅相关报道，越看越愤怒。那时的菲茨罗伊已经卸任船长职务，在贸易委员会（Board of Trade）下设的气象部工作。这个气象部也就是现在俗称的气象局（Met Office），是他在 1854 年创建的。

如今，该气象局已经成为英国负责天气预报的政府机构，相当于美国的国家气象局（National Weather Service）。但就早期来看，英国这个气象部门的职责却与未来天气事件的预测无关。相反，菲茨罗伊建立该部门，是为通过研究全球风型，计算用时更短的航线。这个气象局的存在并不是为了确定未来一天的天气状况，它只是想了解整体的天气情况。那个时代的天气预报完全是一个民间智慧世界，一个缺乏根据的历书世界。在 1854 年，如果一名议会议员暗示，有一种科学方法或可提前 24 小时预测伦敦天气，那么他一定会遭人高声讥讽。[10] 但菲茨罗伊和其他少数富有远见的人士还是行动了起来，试图将神秘的天气预报转变为一门科学。菲茨罗伊的计划受益于过去 10 年里所取得的三项重要进展：对暴风和低压槽之间关系的粗浅理解——虽然粗浅，但已经涉及功能性的理解；日趋精确的、可测量气压变化的气压计；可将相关数据传送回伦敦气象局总部的电报网络。

受“皇家宪章”风暴的刺激，菲茨罗伊在英吉利海岸城镇设立了14个气象站点，记录当地的天气数据，再将这些数据传回总部进行分析。气象局内有一支小团队负责转录数据，人工誊写。靠着这些数据，菲茨罗伊创建了第一代气象图，为海上旅行者提供事前警报，以免再次发生“皇家宪章号”那样的悲剧。

起初，气象局仅限于向船只发送风暴前的预警数据，[11] 但他们很快就发现，这些预测对陆地平民生活也颇有助益。菲茨罗伊创造了一个新词，以便将这些预测同此前江湖术士的占卜区分开来。他称这些天气报道为“预报”（forecast）。“它们不是预言和预测。”他说，“预报是一个非常合适的词，因为它是科学组合和科学计算的结果。”[12] 1861年8月1日，伦敦《泰晤士报》（*Times*）首次刊登了基于科学方法所报的天气预报：伦敦温度62华氏度（约为16.6摄氏度），晴，西南风。这次预报被证明是准确的——当天最高温度达到61华氏度。此后不久，大多数报纸开始提供天气预报，尽管这些信息极少像菲茨罗伊最初的预报那样准确。

尽管有了电报网络和气压计，菲茨罗伊也大张旗鼓地宣称“科学的组合和科学的计算”，但19世纪气象学的预测能力仍非常有限。菲茨罗伊于1862年出版了一部恢宏巨著，对自己所持的天气信息理论做了解释，但这些理论大都未经得起时间的考验。一项有关气象局预测技术的评估发现，“没有人做任何笔记或演算。操作过程大约需要半个小时，靠的是心算”。[13] 该评估据称是由杰出的统计学家弗朗西斯·高尔顿（Francis Galton）开展的。（由于受到抨击，再加上他在支持他所认为的亵渎神明的进化论方面所扮演的隐式角色，菲茨罗伊在1865年自杀了。）天气预报员无法建立实时的大气模型，所以他们依赖的是某种形式的历史模式识别。他们创建涵盖所有观测站数据的图表，并绘制报告的温度、气压、湿度、风向和降雨量。[14]之后，这些图表会被存储起来，作为过去天气形态的历史记录。当一种新的形态出现时，预报员会参考早先与该模式相似的图表，并以此为指导，预测第二天的天气。如果威尔士海岸出现了低压系统和凉爽南风，同时萨里郡上空出现了暖高压，那么预报员就会翻看记录，寻找过去与之相似的一天，然后按照先前的情况预测未来几天的天气状况。这更多的是一种有根据的猜测而非一种正常的预报。在24小时之外，它的预测能力呈持续下降的趋势，但与之前以茶叶占卜为特征的天气预报相比，前者还是有了很大的进步。

在20世纪最初的几十年里，随着流体动力学的发展，真实描述天气系统的内部活动方式已成为可能，预测天气不必再仅靠查看不同天气形态之间的表面相似性。路易斯·弗莱伊·理查森（Lewis Fry Richardson）在1923年出版了一本名为《数值天气预报》（*Weather Prediction by Numerical Process*）的小册子，他在小册子里列出了各种等式，并提出利用数值过程预测天气，这与《柳叶刀》考虑在医学中引入统计学方法的时间大致相同。理查森的这个提议面临一个问题，其实他自己也非常清楚，那就是计算的复杂性：你不可能通过预测本身来处理数字。你或许可以建立一个模型，用以预测从现在开始 24 个小时内的天气，但要真运算起来，这就需要你投入 36 个小时。理查森认为将来可能会发明某种可加速这一进程的机械装置，不过他的希望中带着悲观："在遥远的未来，或许有一天，计算领域的进步速度会超过气象领域的进步速度，而基于所获得的信息，人类计算的成本将大大降低。但现在看，这还是一个梦想。"[15]

当然，这些机械装置最终还是出现了。到 20 世纪 70 年代，美国国家气象部门已经使用计算机建立了大气系统模型，预报结果只需要几个小时而不是几天。不过它们现在还是会遇到令人尴尬的（有时也会是致命的）盲点。诸如龙卷风等超本地天气系统的活动方式仍难以被预测，但未能在 24 个小时之前做出地区预警的情况却极为罕见。现在，以小时为单位的天气预报已经非常准确了，但真正的进步是长期预报。仅在一代人之前，未来 10 天的天气预报还是完全没用的。超过 48 个小时的预报将重回《农夫年鉴》① 的范畴。今天，10 天预报的准确性远胜概率推测，尤其是在冬天，这是因为冬天的天气系统规模更大，因而也更容易建模。这种进步并不仅仅得益于以秒为单位的计算速度的提升，也得益于新的天气模型的建立——这些模型比早先的模型更为准确，原因就在于它们依靠一种全新的技术，即通常所说的集成预测（ensemble forecasting）。与基于"数值过程"（numerical

① 《农夫年鉴》（*Farmers' Almanac*）是美国历史悠久的期刊，于 1818 年首次出版，利用太阳黑子、月相和潮汐来预测天气。——编者注

process）测量当前天气初始条件并预测未来天气事件顺序的方法（比如路易斯·弗莱伊·理查森等提出的数值天气预报）不同，集成预测会提供数百个乃至数千个不同的预测结果，而在每一张单独的模拟图中，计算机会稍稍改变初始条件，比如把这里的气压降低几个刻度，把那里的温度提高几度。如果 90% 的模拟图都显示飓风来势凶猛且向东北方向移动，那么气象学家就会发布一份确定性较高的预报，表示该飓风将向东北方向加速移动。如果只有 50% 的模拟图显示这种模式，那么他们就会发布一份确定性较低的预报。

人们仍会开一些无伤大雅的玩笑，取笑气象学家多么无能，但事实上，得益于集成预测的“元技术”（meta-technique），在过去的几十年里，天气预报的准确性一直在稳步提升。类似于天气这样的混沌系统，几个星期之后的状况可以说是永远无法完全预测的，因为这涉及很多变量以及众多连接这些变量的影响链。但在过去的几十年里，我们的预测技能已经得到了显著提升。天气预报已经渗透生活的各个角落，以至于我们很少停下来去思考它，但事实上，我们在这个领域对未来预测的准确性已远超我们祖父辈的想象。从根本上讲，这些集成模拟——比如医学研究中的随机对照试验——赋予了我们一种新的洞察力。我们的预测能力已经不再仅仅依赖于默认网络的假设情景，我们已经有了可以把我们的视野延伸到未来的策略和技术。现在的问题是，我们能否将这些工具应用到其他类型的决策中？

## 多重模拟，忌单一思维

在做艰难选择时，我们实际上是在对未来事件的走向做预测。当我们决定在一座发展中的城市的郊区建造一个公园时，我们预测该公园会吸引常客；我们预测该城市会继续扩张，并会在未来几年里把这个郊区公园变成市内公园；我们预测，将城市空地用于商业发展，从长远看是完全负面的，因为城市中的绿地将会越来越稀缺。这些结果都不是预先确定好的，它们都属于预测，都存在相当大的误差幅度。所以，当我们发现在准确性方面取得积极阶跃变化的预测方法时，我们就应多加注意，比如医学或气象学领域的预测方法等。想一想泰特洛克笔下的狐狸和刺猬。多样化兴趣和经验开放性对社会预测者来说是大有裨益的，而这一事实也暗示，有一个教训可直接应用于个人选择领域。在泰特洛克的研究中，窄带方法会让你成为投掷飞镖的大猩猩，当然这还不是最糟糕的。但仅此一点，我们就应该吸取一个宝贵的教训：在艰难选择中，切忌单一思维。

把这三种预测——随机对照试验的医学预测、天气预报的气象预测，以及未来主义者和专家的社会预测——想象成三个患有慢性近视、无法准确预想未来事件的病人。在整个人类历史上，前两个病人和第三个病人一同受罪，而直到 19 世纪末至 20 世纪初，前两个病人才解脱：那时，一些新思想聚于一点，使他们以实证方式提升了自己的洞察力。不过，两者在时间跨度上存在差异：随机对照试验可以让我们看到几年乃至几十年后的未来，而天气预报的时间跨度则只有一个星期。可以说，两者都触及某个阈值点，它们将虚假预言的噪声转变成有意义的信号，但社会预测者就没有经历过类似的阶跃变化。为什么会这样呢？

尽管存在各种差异，但随机对照试验和天气预报有一个共同的鲜明特征。它们都通过多重模拟从各自努力解决的问题中找到了智慧：这种药物能治好我的病吗？这场飓风会在周二登陆吗？在随机对照试验中，这些模拟的表现形式是，数百个乃至数千个有着相似身体状况的人被给予药物或安慰剂治疗。在天气预报中，这些模拟的表现形式是，通过集成预测产生数百个乃至数千个大气模型，而每一个大气模型的初始条件都存在微小的差异。在药物试验中，其他所有病人都不是你的翻版，他们都有不同的、异常复杂的个人状况，但他们又都有足够的相似性。同时，由于样本数量足够多，数据的聚集模式可以让你发现一些有用的信息——你正考虑服用的药物的长期效应。

社会预测通常不具有可参考的替代现实，因而也就无法就所预测的问题进行数百次模拟，比如苏联能挺过 20 世纪 90 年代吗？为什么我们的医学预测和气象预报会变得如此准确，而我们的社会预测仍处于含混模糊的阶段，关键就在这里。这并不是说作为一个系统的社会变革或技术变革更复杂（要知道，地球的大气系统是一个不折不扣的复杂系统），而是说我们在谈及地缘政治或技术发明的未来变化时，通常无法开展模拟分析。

事实上，集成模拟的功能非常强大，你无须完全了解一个系统的运行机制，就可对它的未来行为做出有用的预测。20 世纪 40 年代末，当奥斯汀·布拉德福德·希尔和他的团队就链霉素开展实验时，他们并不了解细胞生物学，无法像现代医学那样解释为什么抗生素能有效地治疗结核病。但基于随机对照试验，他们还是开发出了治疗方案。通过为数百个病人提供药物和安慰剂，他们获得了一组实验数据，并据此发现了一种模式；但如果只有一个病人，他们未必能发现这一模式。

模拟会让我们成为更好的决策者，因为我们可以据此更好地预测未来事件，即便我们尝试建模的系统包含数千个甚或数百万个变量。当然，通过随机对照试验或集成预测来考察小规模的群体决策则困难得多。如果我们能够并行使用不同的经验，并对不同的选择和结果进行试验，那么我们就可以更好地预测我们职业选择的影响路径。倒带，然后重做一次职业选择——只是这一次，你和你的合伙人决定在另一个街区开一家餐馆或将一家餐馆转变为精品店。那么，这个选择会如何改变你未来的人生走向呢？达尔文预测结婚会减少他“去俱乐部同聪明人士交流”的时间，但如果他能就自己的生活进行多重模拟，比如他娶了艾玛，比如他仍是一个单身汉，那么他在这个问题上将会有更好的理解。模拟会让我们的预测更成功，而成功的预测则会让我们成为更好的决策者。那么，我们怎样才能模拟出我们生活中最重要的个人或集体选择呢？

### 博弈：探索未知的未知

2011 年 4 月 7 日夜，两架隐形“黑鹰”直升机靠近了一栋三层建筑物。建筑物外是一个院落，四周是混凝土围墙和带刺的铁丝网。在夜幕的掩护下，一架直升机在屋顶盘旋，海豹 6 队（SEAL Team 6）的一支小队索降而下，占据屋顶。另一架直升机将另一支小队送至院内。几分钟后，两支小队的成员重新登上直升机，消失在夜空中。

整个行动未费一枪一弹，也没有任何恐怖组织头目被抓获，因为这栋建筑物并不在阿伯塔巴德的郊区，而是在北卡罗来纳州的布拉格堡。就在奥巴马总统考虑以何种方式攻击巴基斯坦境内的目标建筑物时，威廉·麦克雷文（William McRaven）将军领导的特别行动小组开始模拟直升机突袭行动，而这也是当时提议的四种攻击方案之一。桌面建筑物模型被现实生活中的真实建筑取代——该建筑及其院落同阿伯塔巴德目标建筑物的规模完全一样。在奥巴马决定最终攻击方案之前，麦克雷文希望通过这种方式找出特别行动小组在执行任务的过程中难以克服的问题。

然而，即便是按照目标建筑物重建了一栋一模一样的建筑，在布拉格堡的模拟演习也无法重建实际行动中的一个关键要素：巴基斯坦东北部地区炎热的高纬度气候。因此，几个星期之后，参加上次演习的同一团队集聚内华达州的一处军事基地——这里的海拔有 4 000 英尺，与巴基斯坦境内目标建筑物的海拔高度几乎一样。在这次演习中，麦克雷文并没有建造全尺寸的模拟建筑，他们的团队只是把一些

“康乃克斯”（Conex）集装箱摞了起来，再在周围架起铁丝网围栏，以此替代目标建筑物的混凝土围墙。这次模拟演习的重点是直升机以及直升机在该海拔高度的表现。“在真正执行作战任务时，直升机需要飞 90 分钟才能抵达阿伯塔巴德上空。”马克·鲍登写道，“它们需要超低空快速飞行，以避开巴方雷达。任务策划者必须准确测试在该海拔高度以及预期气温下，直升机可执行何种任务。在执行任务时，直升机的最大载荷是多少？起初，他们认为无须中途加油，但这个风险很大。直升机在返回途中很可能会出现没油的情况。所以，途中的加油区也必须选好。”[16]

我们希望我们的军队在执行危险任务时能预先演练。但实际上，在北卡罗来纳州和内华达州上演的模拟袭击时间更早，当时奥巴马还没有最终决定采用直升机突袭方案。特别行动部队并不仅仅是为了演练攻击任务，他们也是在模拟攻击任务，以便更好地了解“黑鹰”直升机进入巴方领空后可能出现的各种情况。这些模拟本身就是决策流程的重要组成部分。通过这些模拟，他们最终要寻找的是在那一特定环境中发起突袭行动的一些非预期结果。1980 年营救伊朗人质的尝试惨遭失败，部分原因就是直升机遭遇了一次严重的沙尘暴，即中东地区常见的哈布风暴（haboob）。在那次风暴中，美国一架直升机折戟，并最终导致营救行动流产。如果麦克雷文仍主张采用海豹 6 队的方案，那么他一定会想方设法找出在执行任务的过程中所有可能出差错的地方。

“无论一个人的分析多么严谨，或者他的想象多么大胆，”诺贝尔经济学奖获得者托马斯·谢林（Thomas Schelling）说，“他都无法列出一份永远不会发生在他身上的事件的清单。”然而，在做艰难选择时，我们通常需要发挥跳跃性的想象力：去发现新的可能性（这些可能性是我们最初参与决策时没有考虑到的），并且以某种方式探求我们视野之外的“未知的未知”。谢林是一位杰出的经济学家和外交政策分析师，他有着鲜有人及的“严谨分析”的能力。但20世纪50年代末和60年代在兰德公司（RAND Corporation）工作期间，他却成为以一种非严谨方式思考盲点的倡导者，而这种方式就是博弈。

谢林和他在兰德公司的同事赫尔曼·卡恩（Herman Kahn）设计的战争游戏，被那个时代的历史学家和其他编年史家很好地记录了下来。从主导冷战时期大多数军事策略的、备受争议的“确保相互摧毁”（Mutually Assured Destruction）理论到华盛顿和莫斯科之间的“红色电话”（red phone）热线，再到斯坦利·库布里克（Stanley Kubrick）经典影片中的角色“奇爱博士”（Dr. Strangelove），无一不是源于这种战争游戏。但战争游戏的传统有着更古老的根源。在19世纪最初的几十年里，普鲁士军官中的一对父子发明了一种名为“克里格斯贝尔”（Kriegsspiel，即德语中的“战争游戏”）的掷骰子游戏。这款模拟军事战斗的游戏与复杂的现代游戏版本如《战国风云》（*Risk*）颇为相似。玩家在一张地图上摆放代表不同军事单位的兵卒。该游戏的玩家最多可达10人，他们分归不同小组，且每个小组内都有分级指挥系统。“克里格斯贝尔”甚至设有游戏机制，它所考虑的是指挥官和部队之间的通信中断，用以模拟“战争迷雾”（fog of war）。同现代游戏《海战》（*Battleship*）一样，“克里格斯贝尔”是在两个独立的棋盘上玩，一方并不完全了解另一方的行动。一个“游戏大师”（gamemaster）——20 世纪 70 年代幻想游戏中出现的“地牢大师”（Dungeon Masters）的前身——在两个棋盘间来回穿梭，监督游戏的进展。

“克里格斯贝尔”成了普鲁士军队中军官训练的重要组成部分。在俾斯麦（Bismarck）指挥军队取得一系列胜利之后，该游戏的翻译版本被引入其他国家的部队。这一事实表明，该游戏让普鲁士人在战斗中获得了战术优势。在“一战”极具灾难性的军事行动中，它可能也扮演了一定的角色。在将目标对准法国人之前，德国人曾使用“克里格斯贝尔”模拟入侵荷兰和比利时。“游戏推演显示，只要弹药能够得到迅速补充，德国将会战胜法国。”观念艺术家、哲学家乔纳森·基茨写道，“为此，德国建立了世界上第一支机动化补给部队，并于 1914 年部署到位。如果游戏玩家只有德国军队和法国军队，那么德国的计划可能非常完美。”[17] 然而，游戏推演未能料到比利时人会破坏他们自己的铁路系统（因而破坏了德国的补给链），而且它缺乏外交模拟机制，未能预测美国最终也会加入战争。

美国海军战争学院（U. S. Naval War College）自 1884 年创建以来，就一直开展纸上作战演习。但在“一战”结束后的 10 年里，美国海军将战争推演提升到了新的高度，组织开展了一系列模拟冲突——真实的战机和战舰参与演练，不过既没有炸弹也没有子弹。这些以“舰队问题”加罗马数字命名的演习，内容涵盖广泛，从防御巴拿马运河到威胁日增的潜艇战，不一而足。1932 年开展的代号为“舰队问题 XIII”（Fleet Problem XIII）的演习，演练海域辽阔——从夏威夷到圣迭戈，再到北部的普吉特海湾，模拟的是从太平洋对美国军事基地发起空袭。此次演习暴露出美军在对抗西部“已确定的侵略者”上力量薄弱，并建议部署 6 ~ 8 个航空母舰战斗群，将防御力量提升到适当水平。[18] 这个建议被忽略了，很大原因是大萧条造成的预算约束。这个预测最终被证明是准确的，证明时间为 1941 年 12 月 7 日，只不过这个证明是以悲剧方式呈现的。如果美军成功吸取“舰队问题 XIII”演习的教训，那么日本偷袭珍珠港的行动完全可能失败，或者说日军一开始就不会有这样的企图。

并非所有的战争游戏都是完美的水晶球。但作为一种思维练习，它们所发挥的作用与随机对照试验或集成天气预报大致相同。它们创造了一个平台，而在这个平台上，一个决定可以多次排练，每个回合都采用不同的策略。博弈的协同本质意味着，即便你参与的是零和竞争博弈，由于对手采取了意想不到的行动，你会看到新的可能性和组态。战争游戏始于地图，但它真正的启示在于它如何迫使你研究地图，模拟敌方在该空间内采取的所有战斗方式。“克里格斯贝尔”不同于国际象棋等象征性军事游戏的关键创新之一，就在于它使用的是战场的实际地形图。用谢林的话说，你无法列出一份永远不会发生在你身上的事件的清单。但你可以设法列出这样一份清单。如果“克里格斯贝尔”的发明和普及能够提早一个世纪，那么不难想象，华盛顿就可以成功预测英军会通过牙买加山口发起攻击。在纳撒内尔·格林病倒后，战争游戏模拟或会充分弥补华盛顿在地区情报方面的损失。

从历史上看，博弈作为复杂决策的一种指南，在军事应用中最多，但它作为一种工具，有着更广泛的潜力。在参加了兰德公司赞助的模拟东亚冲突的一些战争游戏后，时任美国司法部部长的罗伯特·肯尼迪（Robert Kennedy）问及能否开发类似的博弈游戏，以帮助了解肯尼迪政府在美国南部推进民权方面的选项。（不幸的是，该项目在他兄长遇刺后被搁置了。）此后不久，巴克敏斯特·富勒（Buckminster Fuller）提议开发五角大楼战争游戏的一个镜像版本：一款先于《文明》（*Civilization*）或《模拟城市》（*SimCity*）等视频游戏的“世界和平游戏”。按照设计，该游戏在一张特制地图上作业，可追踪从洋流到贸易通道在内的一切事物。规则非常明确，本质上是非零和博弈，旨在鼓励协作而非冲突。“这款游戏的目标是探索各种方法，让人类大家庭中的每一个人都乐居地球，不妨害其他人，且任何人获取利益都不以损害他人为代价。”富勒写道，“要想在这款世界游戏中获胜，每个人都必须成功。每个人都必须赢。”[19] 富勒把这个游戏看作民主进程中非直接决策机制的一种替代选择。普通人将通过博弈方式模拟他们所面临的挑战，而不是选出领导者并由他们做决策。“获胜”策略——换句话说，就是为所有人带来积极结果的策略——将会转变为现实生活中的方案。

利用博弈游戏激发新的思想、探索极具挑战性的决策有多大可能性，看来的确有优势。然而，将这种博弈方法应用于个人决策似乎很难，比如设计一个游戏来排演搬家到郊区的可能性。不过，几乎每一个决策都可以通过另外一种方式进行排演，这是一种富有成效的方式，也是一种更古老的解脱方式：讲故事。

### 情景规划：设想不同的结果

20 世纪 70 年代中期，环境活动人士、兼职创业家保罗·霍肯（Paul Hawken）在帕洛阿尔托的一家非营利机构工作，这家机构负责向发展中国家传授“集约园艺”技术，旨在解决当地居民营养不良和维生素 A 缺乏病的问题。霍肯在英国生活过一段时间，他发现英国园艺工人所使用的工具的质量普遍比美国人的高。“富有的美国人买廉价的工具。”霍肯后来回忆说，“而那里的穷人却买我们认为昂贵的工具。不过从工具的使用寿命来看，这些昂贵的工具却更划算。”霍肯认为，高质量工具对这家非营利机构的倡议活动或有助益，所以他从英国斗牛犬工具公司（Bulldog Tools）那里订购了一整集装箱的工具。不过在工具运抵时，这家机构的负责人却改变了注意。就这样，在不得已的情况下，霍肯有了一整集装箱的高级园艺工具，但他却没有什么好办法处理它们。最后，他和一个名叫戴夫·史密斯（Dave Smith）

的朋友联合成立了基础工具公司（Fundamental Tools），准备把这些从英国进口的工具卖给湾区的园艺工人。不久之后，他们将公司更名为史密斯和霍肯公司（Smith and Hawken），因为“这个名称听起来很英国化，同时也给人一种历史悠久的、可靠的感觉”。

随着公司的成长，他们开始思考能否进一步扩大业务。然而，摆在他们面前的挑战是，公司出售的这批工具的价格非常高昂，是美国普通消费者所用同类工具价格的三倍。人们只需花 10 美元就可以买到一把能用一辈子的铁锹，在这样一个市场，是否有足够多的人愿意花 30 美元买这样一个工具呢？在此期间，他们接触了一些投资者，其中之一就是同住在湾区的彼得·施瓦茨（Peter Schwartz）。施瓦茨后来出版了很多有影响力的作品，他也是全球商业网络（Global Business Network）和恒今基金会（Long Now Foundation）等组织的联合创始人。他在情景规划领域是一位富有经验的实践者。作为一种决策工具，情景规划是皮埃尔·瓦克（Pierre Wack）和特德·纽兰（Ted Newland）于 20 世纪 60 年代末在荷兰皇家壳牌公司（Royal Dutch Shell）开发的。（瓦克于 20 世纪 80 年代中期从壳牌公司退休后，施瓦茨接替了他的位置。）情景规划最重要的是一种叙事艺术。它着眼于复杂决策中不可避免的不确定性，并迫使参与者充分想象这个不确定的未来会以何种方式展开。一个有名的案例是，通过情景规划，曾在壳牌公司的瓦克成功预测了 20 世纪 70 年代中期的石油危机。后来，施瓦茨也用同样的方法对史密斯和霍肯公司的园艺工具业务进行了评估。构建情景需要绘制全谱地图。施瓦茨分析了市区与郊区的迁移模式，因为它们可能会影响园艺工具的市场规模；他看到了美国消费者行为中的一个新兴趋势，即对价格更高昂的欧洲品牌产品的渴望，比如宝马（BMW）和铂傲（Bang & Olufsen）等；他考虑了宏观经济的可能性；他调查了当时的边缘运动，比如有机农业和环境行动主义等。之后，他把上述所有研究组合成三个不同的故事，设想了三个不同的未来：高增长模式、萧条模式，以及他所称的转型模式，即“价值观的转变将意味着西方文化的深刻转型。关于倡导一种更朴素、更环保的生活的理念，关于整体医学和天然食品的理念，关于追求内心成长而非物质占有的理念，以及关于努力实现某种星球意识的理念，已经开始传播开来”。这三部分结构最终成为情景规划中的共同支柱：你构建一个事情会变好的模型、一个事情会变糟的模型，以及一个前景走向不明的模型。

施瓦茨最终分析认为，无论出现哪一种情景，这家公司都会有美好的未来，并据此做了一笔小额投资。不出所料，该公司很快就向美国园艺工人卖出了价值数百万美元的高质量泥铲。霍肯和施瓦茨开始考虑如何将情景规划这样一个工具引入更广泛的社会决策中：环境管理、税收和财富分配政策，以及贸易协定等。他们两人以及另外一位作者杰伊·奥格威（Jay Ogilvy）在 20 世纪 80 年代初期联合出版了一部名为《7 个明天》（*Seven Tomorrows*）的著作，为未来 20 年描绘了 7 种不同的情景。在该书的引言中，他们对所采用的方法进行了解释：“从复杂的计算机模型到简单的历史外推，在众多探索未来的方法中，我们选择了情景规划方法，因为它可以让我们把现实主义和想象力结合起来，把综合性和不确定性结合起来，而且最重要的是，情景规划方法可以给予我们真正的多元化选择。”[20] 情景规划方法同大多数未来主义方法的区别就在于，它不会把重点放到单一预测上。情景规划者会迫使自己想象各种替代选项，因而也就避免了泰特洛克所谓的刺猬陷阱，即只专注于一桩大事。如同谢林的战争游戏，情景规划作为一种工具有助于开拓思维，让你能想到以往想都不会想的事情。

在企业文化中，情景规划得益于一些预测准确的知名案例而广受赞誉，比如皮埃尔·瓦克在欧佩克（OPEC）突然大幅提高油价之前三年就预测到了石油危机。但一味强调成功的预言，实则会错失重点。大多数情景规划最终都没能预测到未来结果，但这种做法，即设想有别于传统观点的替代方案，有助于你更好地理解你的选项。实际上，情景规划的目的并不是为了准确地预测未来事件；相反，它是为了让你事先做好准备，抵制推论谬误。瓦克曾用现代商业环境中的极度混乱情景来描述这一特性，但该原则同样适用于个人生活中的混乱情景。

> 解决这个问题的方法，并不是通过提升技巧或聘请更多或更优秀的预测者来做更好的预测。这里有太多相互作用的力量，它们会阻止你获得正确的预测。未来不再是稳定的，它已经成了一个移动目标。从过去行为中无法推断出单一“正确”的答案。我认为，更好的方法是接受不确定性，尝试理解不确定性，并把不

确定性作为我们推理的一部分。时下，不确定性不仅仅是理性预测的一个偶然偏差或暂时偏差，它是商业环境的基本结构特征。[21]

每一个决定都依赖于具有不同程度确定性的预测。比如，你正考虑搬往郊区，而郊区的某栋房子毗邻一座公园，公园里有很多条远足路线，那么你就可以有一定的把握预测：如果你最终选择购买该处住房，那么自然空间将会成为它的吸引力之一。比如，你正考虑一笔30年期的固定利率抵押贷款，那么你可以更准确地推算出每月需要偿还的贷款金额。再比如，你知道某家社区学校的整体声誉，那么你可以相当自信地推测，在未来的几年里，它的总体学术水准还将会维持，但要准确预测你的孩子能否适应这所新学校则难得多。以情景为基础探求是否搬往郊区，需要将最具不确定性的因素纳入考量，然后分别依据每一种因素设想不同的结果。从本质上看，这就是在讲有根据的故事。当然，讲故事是我们思考重大决定时的一种本能活动。如果我们倾向于生活在郊区，我们就可以讲述一家人在房屋后面的小道上遛弯的故事，孩子可以上更好的公立学校的故事，可以用高价进口工具打理花园的故事。情景规划与讲故事的区别主要有两点：第一，我们很少会拿出时间来分析影响一个故事的各种力量，并做全谱分析；第二，我们很少构建各种不同的故事。如果孩子不喜欢他的同学，或者有的家庭成员喜欢这种新的生活方式而其他家庭成员则想念充满活力的城市生活和那里的老朋友，故事该怎么展开？

正如瓦克所言，我们无法基于现实中不存在的情景分析不确定性。可以说，在基本层面上，它是复杂系统不可简化的一种属性。情景规划以及一般意义上的模拟所给予我们的，正是对这种不确定性的推演的方式。它并不总会给你一条明确的路径，但却会让你做好各种准备，因为未来可能会以某种未曾预料的方式偏离当前的轨迹。“持续的情景实践可以让领导者充分了解开放式未来的模糊性。”瓦克写道，“它可以对抗傲慢，揭示各种难以想象的假定，推进共同的、有系统性的意义构建，以及培养应对危机的快速适应力。”[22]

在突袭本·拉登的计划中，大部分决策过程都集中在对突袭行动的模拟上，而且这种模拟是以分钟为单位的：直升机需要中途加油吗？海豹6队作战队员能成功占领目标建筑物屋顶吗？在突袭行动之后的几个月乃至几年里，大部分报道也都集中于行动的危险时刻，以及作战队员让本·拉登接受正义制裁的勇气和敏捷思维。但在幕后，奥巴马政府模拟的并不仅仅是突袭行动本身，他们还对长期情景进行了探索——每一个已有选项的下游效应。在这方面，奥巴马和他的团队也吸取了布什政府所犯错误的教训。众所周知，布什政府并未对长期武装占领伊拉克做情景规划，相反，他选择了迪克·切尼（Dick Cheney）的假设，即美国军队将会成为受伊拉克民众欢迎的“解放者”。

对奥巴马和他的顾问来说，关键情景之一涉及这样一个关键性问题：如果发现了本·拉登本人，那该怎么办？特别行动小组应不应该留活口？如果要留活口，那么计划又该是什么？奥巴马认为，如果能抓获本·拉登并在美国对他进行公开审判，那么自己就有机会废除前任所做的众多有问题的决定，比如在关塔那摩和其他引渡地点实施的拘押计划等。“我的想法是，如果我们抓到了他，”奥巴马后来解释说，“那么从政治上讲，我就处于一个相当有利的位置。我可以就此表明，展示正当程序和法治将是我们对抗基地组织的最佳武器。我们要阻止他成为烈士。”[23] 当然，这个情景将会排除无人机攻击和 B-2 轰炸机轰炸这两个选项，因为作为行动方案，它们只有一个目的：杀死乌萨马·本·拉登。这样一来，它们就会产生令人不安的长期后果：如果通过轰炸袭击将目标建筑物从地图上抹去，那么本·拉登遇袭身亡的直接证据也就不复存在。即便美国截获的基地组织内部谈话表明他们的领导人已经身亡，关于本·拉登依然活着的流言和阴谋论可能也会持续多年。要想做出正确的选择，仅仅以分钟或小时为单位模拟突袭或轰炸袭击是不够的，因为这类行动的后果将会不可避免地持续多年。他们必须设想一种更长远的叙事。也就是说，袭击目标建筑物的行动，受到了各种未来可能会发生的事情的影响。

## 美国“红队”：事前剖析水平

太多的情景规划最终都成了叙事艺术。你把笼罩在未来事件之上的不可预测的迷雾转变成为某种连贯的画面：高端园艺工具市场将会扩张，因为实利主义已经成为一种文化；在发现美国人的背叛行为之后，巴基斯坦人会将他们赶出自己的领空。当然，问题在于，讲故事的人和我们所有人一样，会受确认偏误和过分自信的影响。我们的大脑会很自然地依照我们认为的世界运行的方式预测相关结果。为避免此类陷阱，你需要引导你的大脑，让它接受其他有趣的叙事或情节线索。这样的叙事和线索或许会削弱而不是确认你的假设。

作为著名的地下室火灾案例研究的发起者，加里·克莱因在为决策者提供建议的实践中开发了一种更具说服力的情景规划模型，那是一种不需要太多研究和思考的模型。他把这一模型称作“事前剖析”或“事前尸检”（premortem）。顾名思义，这种方法与医疗程序中的尸检分析有关。在尸检中，尸检对象是死的，而验尸官的职责就是确定死因。在事前尸检中，这个顺序是相反的：验尸官被告知某个对象即将死去，并被要求设想一下该对象的死亡原因。“我们的练习，”克莱因解释说，“就是要求规划者设想一下未来，比如他们的计划已经开展几个月了，但这个计划最终失败了。他们已经了解了这种情况，之后必须对此给出解释，即为什么计划会失败。”[24]

克莱因的这种方法利用了一些有趣的心理研究。这些研究发现，当人们被告知某个潜在的未来事件并被要求按既定事实来解释这个事件时，他们会给出更丰富、更微妙的解释。换句话说，如果你单纯地问人们什么事情会发生并让他们给出背后的原因，那么他们的解释模式在细节和想象力方面要逊于前者，即你告诉人们某件事情注定要发生并让他们给出背后的原因。依照克莱因的经验，事前剖析被证明是一种更为有效的方式，它可以帮助人们更好地找出决策中的潜在缺陷。各种各样的认知习惯——从推论谬误到过分自信，再到确认偏误——容易蒙蔽我们的双眼，让我们看不到决策中的潜在陷阱。“在这个计划中，是否存在我没有看到的缺陷？”仅仅这样问自己是不够的。你要迫使自己设想这样一种情况：这个决策最终被证明是一个灾难性决策。然后按照这个思路想象各种场景，这样你就可以避开盲点，避开盲目自信。

如同绘图阶段一样，要想通过情景规划取得最佳预测结果，就要充分利用各种不同的专业知识和价值观念。但将局外人观点引入讨论会议，总会遇到一些无法避免的限制。在有关本·拉登行动的决策过程中，如果引入一名巴方官员参与内部讨论，无疑会提升决策质量。他的设想叙事与中央情报局分析师的设想叙事可能迥然相异。在考虑发布一款新产品时，让直接竞争对手的产品经理帮助预测未来 5 年的市场演变趋势，同样会提升决策质量。但这种情况只是理论上可行——在现实生活中，你很难让他和你坐在同一个房间里。

不过，这些局外视角也是可以模拟的。美国军方在使用“红队”（red teams）方面有着悠久历史。这个传统上的红队，是魔鬼代言人的一个系统性版本，即在组织内指派一个群体，让它负责模拟敌方的行为。红队研判分析法可以追溯到最初的战争游戏，比如“舰队问题 XIII”演习。2003 年，美国国防科学委员会特别工作小组（Defense Science Board Task Force）提交了一份报告，建议在“9 · 11”恐怖袭击事件后进一步扩大这种方法的实践范围。自此之后，该方法在军方迎来新生。你可以把红队想象成战争游戏和情景规划的混合体：你设置一些附带想象结果的决策路径，然后邀请你的一些同事参与其中，让他们站在敌方或市场竞争对手的立场设想对方的反应。

在追捕本·拉登的行动中，红队是一个不可或缺的重要组成部分。美国官员想方设法激发红队成员的想象力，以此规避决策盲点和确认偏误，避免出现类似于伊拉克大规模杀伤性武器调查行动决策中的失误。迈克·莱特（Mike Leiter）是美国国家反恐中心（National Counterterrorism Center）的负责人，他同时也是关于伊拉克大规模杀伤性武器调查行动决策失败及其根源的官方报告的主笔，所以他特别担心会犯同样的错误。4 月下旬，海豹 6 队已经在内华达沙漠演练过了阿伯塔巴德突袭行动，但此时莱特还是组织了一次红队研判分析，探求本·拉登实际并未藏匿在那栋神秘建筑物内的相关解释。莱特一度对约翰·布伦南说："你可不会希望到时再有一个大规模杀伤性武器委员会回过头来说，'你没有进行红队研判分析'。约翰，要知道那个章节是我写的。"[25]

莱特组建的红队包括两名先前从未参与该调查的新分析师，此举意在提供新的视角。按照莱特的指示，红队需要在 48 个小时内拿出符合事实的替代性解释。最终，他们给出了三种情景：本·拉登原本住在这里，但后来离开了；这是基地组织常用的一个安全屋，但住在里面的是另一名基地组织头目；这是一名犯罪嫌疑人的藏身地，与恐怖主义无关，“科威特”现为此人工作。在研判分析的最后，红队被要求对各情景出现的概率进行评估，其中也包括第四种情景，即本·拉登实际上藏身于该建筑物内。红队的平均评分显示，本·拉登藏身于该处的可能性低于50%，但同时他们也得出一个结论：本·拉登藏身于该处的可能性高于其他三种情景中的任何一种。

当然，在军事演习中，红队可以开展更积极的模拟活动，而不仅仅是坐在会议室里设想各种情景。麦克雷文组建了高水平的红队，这支队伍被要求模拟目标建筑物内居住者可能有的反应，以及巴基斯坦军方在侦测到直升机闯入巴方领空之后可能有的反应。据彼得·卑尔根记述，美国军方一直就突袭行动进行红队研判分析，模拟海豹突击队在类似情况下遭遇的各种抵抗：“女性武装人员，用长袍遮蔽自杀式背心的人体炸弹，藏在‘蜘蛛洞’里的叛乱分子，乃至埋有炸药的建筑物等。”在推演结束时，一名同僚注意到，“麦克雷文对每一种可能的失败都做了后备计划，对后备计划失败也做了后备计划，还对后备计划失败的后备计划做了后备计划”。[26]

在思考具有挑战性的决策时，人们会很自然地预测各种阻力或可能的失败点。“让我们先提提不同意见吧。”这是我们在会议室或非正式谈话中经常听到的一句话。它与事前剖析和红队研判分析等策略的区别就在于过程是否正式：指定具体任务和身份，让人们扮演某种角色。“你能想想这个计划可能失败的原因吗？”仅仅这样问是不够的。事前剖析和红队研判分析会迫使人们选择新的视角，或迫使你考虑替代性叙事，而无论是新的视角还是替代性叙事，仅靠在几分钟内提提不同意见，怕是很难取得成效的。在某种程度上，这个过程类似于绘图阶段的专家角色指派。接受新的身份，并透过一个模拟视角观看世界，这样你就会有新的发现。

尝试不同的身份并不仅仅是一种发现新机会或新陷阱的方式。人们在面对艰难选择时往往很难做出决断，这是因为它们会对其他人的生活产生重大影响。由此，我们想象这一影响的能力——从其他人的视角思考情绪后果或实质性后果——被证明是一项非常重要的才能。新的研究表明，这种心理投射是大脑默认网络在白日梦活动中的组成部分。当我们在神游的大脑中模拟潜在未来时，我们常常会不自觉地把“心理相机”从一种意识切换为另一种意识，测试不同情景以及这些情景可能激发的情绪反应。在开车上班的途中，你在考虑一个新的工作机会，而你的大脑里则闪现出你的老板对这则消息的反应画面。这是一种幻想、一种模拟，因为这是一件尚未发生的事情。但进入这样一种幻想状态，其背后的运转机制是非常了不起的。你绘制出了你考虑辞去当前工作的所有理由，同时也绘制出了你的老板听到该消息后感到惊讶或受到打击（抑或两者皆有）的所有理由，并构建了一种心理预测，即这两种地图碰撞之后，你的老板会做何反应。这是一种非常丰富且异常复杂的心理模拟，但我们的运算速度是如此之快，以至于我们忽视了它的存在。

不过，有些人在这方面做得还是比其他人好。这种在不同视角之间转换想象力的能力，可能是具有远见卓识之人的核心特质之一。要想成为一个聪明的决策者，其中一点就是要保持足够开放的头脑，并能意识到其他人在决策上面可能有不同的思考方式。在选择支持哪位牧师的问题上，利德盖特考虑过米德尔马契那些心胸狭隘的聒噪之人的反应。利德盖特本人并不在乎那些闲言碎语，但他有足够的远见，他认识到如果做出错误的选择，将会严重影响城镇居民对他的评价，因为作为当地的一名医生，他的执业取决于所在社区对他的认同。在利德盖特的脑海中，原本以自我为中心的问题——"我最喜欢哪位候选人？"——现在轻轻松松就转到了一个外部参照系问题上："如果我选择了赞助人支持的牧师候选人，那么这个城镇的人会怎么看我？"在那个时刻，他不仅在粗略地模拟他自己选择的结果，还在模拟一些更值得关注的事情：站在其他人的角度上，依照他们的癖好、强迫意念和价值观模拟他们的思想。

在围绕本·拉登追捕行动而开展的长期情景规划中，这种视角转变发挥了关键作用，并给人留下了深刻的印象。对一栋私人宅邸发起攻击，这个行动本身就会产生大量逻辑问题：我们如何确定居住者的身份？我们应该活捉本·拉登还是击毙他？但同时，这也提出了另外一个问题，而这个问题则需要行动团队跳出默认的美国视角去思考：在未事先知会巴基斯坦方面的情况下，如果美军贸然在其境内发起攻击，巴方会怎么想？虽然与巴基斯坦军方采取联合行动的方案仍在考虑之中，但这被广泛认为是最后选项，因为它可能会导致整个行动计划被以某种方式泄露出去，而本·拉登知道自己的藏身之所已被暴露后，就会产生警惕。穿越巴基斯坦领空，利用“黑鹰”直升机发起奇袭同样面临风险：巴基斯坦军方可能会侦测到直升机，而且有可能击落直升机——尽管麦克雷文和他的团队认为他们可以在不惊扰巴基斯坦方面的情况下秘密进出该国领空。但真正的风险是下游风险。在反恐战争中，巴基斯坦毕竟还是美国名义上的盟友。在向内陆国家阿富汗运送补给物资方面，美国严重依赖于巴基斯坦政府的态度。每天，穿过巴基斯坦领空、向驻阿富汗美军和北约部队运送补给物资和人员的美国飞机的飞行次数超过 300 架次，而这些都需要巴方批准。一旦巴基斯坦发现美国在未获其准许的情况下侵入其领空，并对其境内的一处郊区住宅发起攻击——尤其是最后发现这处住宅还不是某个恐怖组织头目的藏身之所时，那么巴基斯坦是否仍会允许美国及其盟友使用其领空，则不得而知。

2011 年 3 月 21 日，距离麦克雷文在布拉格堡开展模拟袭击还有几个星期，距离奥巴马最终决定派遣海豹 6 队实施袭击还有几个月，美国国防部部长罗伯特·盖茨（Robert Gates）宣布了一项旨在强化“北方配送网络”（Northern Distribution Network）的新的合作协议。所谓的北方配送网络，是一条从波罗的海港口经俄罗斯和其他国家进入阿富汗的路线，而最关键的是，这条路线完全绕开了巴基斯坦。当时没有人意识到这一点，但在追捕本·拉登行动的背后，开拓新的配送网络是基于另一个视角的情景规划的直接结果。[27] 即便抓到了想要的人，美国政府也知道，该行动所产生的下游效应对两国关系的影响也可能是灾难性的，这将会危及美国及其盟国作战部队所倚重的一条重要通道。所以，他们拿出时间，专门建立了另外一条可行的通道，而原因就在于应对这种情景的发生。

在抓捕本·拉登的行动问题上，预测演习同绘图阶段一样进行了全方位的研判和分析。为构建一组连贯的情景，研判团队必须像气象学家一样思考，评估沙漠温度和海拔对直升机的影响。他们必须研究目标建筑物最微小的建筑细节，以确保海豹突击队队员能够成功进入其中。他们必须全面考虑，如果本·拉登被活捉，那么是否要对他进行审判以及在哪里对他审判的司法问题。他们必须设想，如果基地组织头目被 B-2 轰炸机炸死，但没有留下任何已经死亡的证据，那么会出现什么样的阴谋论和风言风语。他们必须站到巴基斯坦政府的立场上，设想巴方对美军擅闯其领空的反应。他们从本·拉登的亲属那里采集了 DNA（脱氧核糖核酸），以便通过基因证据确认死者身份。他们甚至还要研究伊斯兰教丧葬习俗，避免因对本·拉登的尸体处理不当而引发温和派穆斯林的愤怒。气压、国际法、宗教习俗、屋顶的倾斜度、基因指纹、地缘政治反弹——所有变量以及其他各种变量都被纳入了 2011 年春末的情景规划中。他们讲述具有不同设想结果的故事，组建红队，挑战各种假设。到 5 月初，所有不同观点和可能性的分歧都已达到逻辑极限。决策地图已被绘制，选项已经确定，情景已被规划。是该做决策了。

# 第三章　权衡：从剩余选项中选择

绘图、预测、模拟：三者相加并不能直接与决策画等号。在绘制了全景图，确定了所有可能的选项，并尽可能准确地模拟了所有选项的结果之后，你该做何选择？

自本杰明·富兰克林向约瑟夫·普里斯特利概述了他的“道德代数”之后，人们开始设计越来越复杂的系统，用于判定基于某种计算的决策。普里斯特利本人在一项极具影响力的策略中就扮演过决定性角色。在给富兰克林写信的几年前，普里斯特利发表了一篇政治学论文，建议在群体决策，例如法律法规的制定中采用另外一种最终裁决方法。“必须要理解的是，”普里斯特利写道，“人们是为共同利益而生活在社会中，所以，成员的福祉，更确切地说，国家中大多数成员的福祉，是一个重大标准，而与这个国家有关的一切最终都必须依照该标准来确定。”[1] 几十年后，这句话在政治哲学家杰里米·边沁（Jeremy Bentham）的心里播下了一颗思想的种子。边沁后来把它作为功利主义思想的基石，而功利主义也是19世纪最具影响力的政治思想之一。用边沁的一句名言来说，无论是公共领域还是私人领域的道德决定，都应以谋求“最大多数人的最大幸福”（greatest happiness for the greatest number）为行动标准。在这个世界上，行善的问题，至少从理论上来讲，是可以通过情感普查来解决的，即对与某一既定选择相关的所有人进行某种情感普查。

“最大多数人的最大幸福”，这听起来像是一句含混不清的陈词滥调，但边沁的目标是尽可能精确地计算这些数值。他把我们对这个世界的体验分为两大类。

> 大自然把人类置于两个主宰的统治之下：痛苦和快乐。只有它们才会指示我们应该做什么，也只有它们才会决定我们将要做什么。是非标准，因果关系，皆由它们定夺。它们支配我们的所行、所言、所思：我们为摆脱这种从属关系所做的所有努力，只会昭示和肯定这一点。[2]

边沁最终认识到，痛苦和快乐的子类别也必须纳入这个等式：痛苦或快乐的强烈程度；这种体验的持续时长；结果的确定程度；痛苦或快乐与引发这种体验的行为的远近性；这种体验的“衍生性”（fecundity）——换句话说，痛苦或快乐引发更多这种体验的可能性；这种体验的纯粹性；受所做决定影响的人数。功利主义者在做决定时，会在脑海中构建一幅包含所有痛苦和快乐的波形图，而痛苦和快乐则会因不同的选项而呈现不同的涟漪状态。道德选择将会实现人类幸福总量的最大幅度提升。

出于众所周知的原因，当面临现实生活中的真实决策时，这个清晰的公式就不可避免地变得模糊起来，这同古典经济学中的理性选择是一样的。为什么边沁——以及另外一位功利主义代表人物约翰·斯图尔特·穆勒（John Stuart Mill）——认为情感普查是可能的，这一点不难想象。[3] 启蒙运动开始后的一两个世纪已经论证了测量世界的新方法的强大威力和启发性。为什么不把同样的理性方法运用到个人和社会面临的选择中去呢？当然，这个问题就是司马贺在一个多世纪后观察到的有限理性：艰难选择向世界发送出难以提前描绘和预测的波，尤其是当这种计算涉及数千人乃至数百万人的未来幸福时。

功利主义者认为这类结果是可以被明确测量的。他们在这方面或许太过乐观了，但一个事实是，在现代生活的很多方面，我们都依赖于这种道德计算的衍生方法。作为上台后的首批行动之一，美国前总统罗纳德·里根（Ronald Reagan）于 1981 年 2 月 17 日签署 12291 号行政命令，一项最具影响力的道德计算衍生方法由此被引入使用。12291 号行政命令明确要求，任何政府机构提议的任何条例或法规都必须进行所谓的"监管影响分析"（regulatory impact analysis）。依照法律，这种分析必须包括如下项目。

1 对该条例潜在效益的说明，包括任何无法以货币形式量化的有利效果，以及对可能获得这种利益的人群的确认。
2. 对该条例潜在成本的说明，包括任何无法以货币形式量化的不利效果，以及对可能承担这种成本的人群的确认。
3. 对该条例潜在净收益的测定，包括无法以货币形式量化的效果评价。

4. 列出并说明在较低成本情况下可大致取得相同监管目标的替代性方法，分析这些替代性方法的潜在效益和成本，并简要陈述这些替代性方法无法被采纳的法律理由。[4]

在实践中，监管影响分析即我们常说的成本效益分析。在决定是否实施一项新法规时，政府机构必须计算该法规的潜在成本和效益，而在某种程度上，这就是预测实施该法规的后果。12291 号行政命令以一种有效的方式——监管影响分析的监督审查工作由信息和监管事务办公室（OIRA）负责——迫使政府机构遵循我们前面探索过的关键决策步骤，即描绘所有潜在变量并预测长期效果。该行政命令甚至力促政府机构探索其他决策路径，也就是在最初起草所提议法规时未曾发现的路径。在分析结束时，如果一项法规可实现“净收益的最大化”，那么政府机构就可以实施。所谓净收益的最大化，不仅仅是指该项法规利大于弊，也指该法规优于摆在台面上的其他任何选项。“里根的理念已被广泛应用于各个领域，比如保护环境的法规、强化食品安全的法规、减少公路交通和航空运输风险的法规、促进卫生保健的法规、完善移民服务的法规、提升能源供应的法规，以及加强国土安全的法规等。”[5] 在奥巴马政府时期担任信息和监管事务办公室主任多年的卡斯·桑斯坦写道。[6]

在最初提出监管影响分析时，它被认为是一项保守干预措施，以及阻止失控的政府开支的一种尝试。但历经六届政府，监管影响分析的基本框架在很大程度上还是被完整地保留了下来。在华盛顿的生态系统中，这是最罕见的创造物之一：一项得到两党支持的、旨在进一步提升善政的制度实践。事实证明，成本效益分析是一个真正有潜力的、有助于提升进步价值的工具，而不仅仅是一个用于削减大政府开支的工具。在奥巴马政府时期，一个跨部门小组计算出了一个衡量“碳的社会成本”的货币数字。顺便说一句，在很多环保主义人士看来，碳的社会成本是能源政策决策中被长期忽略的一种成本。这个跨部门小组的专家来自美国环境质量委员会（Council on Environmental Quality）、美国国家经济委员会（National Economic Council）、美国能源和气候变化政策办公室（Office of Energy and Climate Change Policy）、美国科学技术政策办公室（Office of Science and Technology Policy），以及美国国家环境保护局、美国农业部（Department of Agriculture）、美国商务部（Department of Commerce）、美国能源部（Department of Energy）、美国交通部（Department of Transportation）和美国财政部（Department of Treasury）。通过集体努力，他们描绘出了碳排放到大气中所产生的所有下游效应——从气候变化带来的农业破坏到日益严峻的气候事件造成的经济损失，再到海平面上升引发的地质断层，不一而足。最终，他们计算出排放到大气中的碳的社会成本为每吨 36 美元。

这个数字本身只是一个估算值——斯坦福大学（Stanford

University）最近公布的一项研究表明，碳的社会成本可能比该数字高几倍。不过，即便是估算值，它也为涉及碳排放技术的政府法规提供了一个基线成本。比如，在奥巴马政府时期，美国国家环境保护局为轿车和卡车制定的严格的燃料经济性标准就是以该计算值为重要依据的。在某种意义上，赋予碳成本一个美元价值，也就是为监管者提供了一个涉及化石燃料的决策的预测舞台，那也是一个提供长期视角的预测舞台。他们的决策不再局限于化石燃料这一能源的当前效益。每吨 36 美元的成本让他们有了另外一种测量所做决策未来影响的方式。就其核心而言，这是一种计算：如果我们选择这个选项，会有多少碳被排放到大气中？在未来几年里，我们需要付出什么代价来处理这些碳排放的后果？基于这样一种计算，相关机构所做的选择将更有远见。

### 数值建模：为价值赋予权重值

监管影响分析的最终产出是一张财务报表——以美元报告的净成本和净收益。但最初的行政命令认为，并不是所有的影响都能以纯粹的货币形式量化，而之后的改变也让这一正式分析对非经济结果越来越敏感。在政府内部，这导致了一些令人棘手的经济转换问题，而最显著的一个问题就是政府机构应如何适当衡量人的生命成本。（这碰巧发生过，信息和监管事务办公室在其监管分析中对一个人的生命成本做了计算——约为 900 万美元。）这看起来似乎不人道，但要记住，政府每天都需要做各种权衡决策，而有些决策必然会导致人的死亡。举例来说，如果我们将最高时速设定为 25 英里，那么每年一定会挽救成千上万人的生命，但作为社会成员，我们已经做出决定，那就是相对于致命交通事故的成本，提高最高时速是值得的，因为它会带来更高的运输效率和商业效益。

从边沁的等式中衍生出来的另外一些方法，并未完全依赖于货币评估，其中之一就是带有浓厚数学色彩的“线性数值建模”（LVM）。[7] 线性数值建模被广泛应用于各种复杂的规划决策中，早年纽约市民在集水池上面临的就是这样一个决策，但它以失败告终。这种方法大致是这样的：在绘制出决策地图后，考察各种替代选项，并构建一个可预测的结果模型，然后就你所认为的最重要的价值指标列一份清单。回想一下达尔文在结婚问题上的个人选择。他看重的价值指标包括自由、陪伴、去俱乐部同聪明人士交流，以及养育孩子等。如同富兰克林最初描述的正反理由清单一样，在一个数值模型中，你需要为每一个价值指标赋予一个权重，以此衡量它对你的相对重要性。（比如，在终身伴侣和孩子等方面，达尔文赋予的权重可能高于“去俱乐部同聪明人士交流”。）按照最具数学特色的衍生方法，你为每一个价值指标赋予一个从 0 到 1 的权重值。如果同聪明人士交流居于次要地位，你可以赋予它一个 0.25 的权重值，而养育孩子的权重值则可能是 0.90。

在对各价值指标进行合理的加权赋值之后，你就可以转向建立在选项之上的情景了。按照各选项解决你的核心价值问题的方式，对其进行有效打分，打分标准从 1 到 100 分不等。作为单身汉，在“养育孩子”这个价值指标上的得分就极低，但在“同聪明人士交流”这个价值指标上得分就更高。在确定了各情景下所对应的价值指标的分数之后，你就可以进行基本的数学运算了：用价值指标的分数乘以各自的权重，再将得出的数字相加，即为各情景的分数。得分最高的情景获胜。如果当时达尔文在做决定时建立了一个数值模型，那么他的分类账可能如表 3.1 所示。

表 3.1　达尔文各项核心价值的数值模型

| 价值指标 | 权重 | 情景 A：不结婚 | 情景 B：结婚 |
|---|---|---|---|
| 没有争吵 | 0.25 | 80 | 30 |
| 孩子 | 0.75 | 0 | 70 |
| 自由 | 0.25 | 80 | 10 |
| 花销少 | 0.50 | 100 | 10 |
| 同俱乐部中的聪明人士交流 | 0.10 | 80 | 40 |
| 终身伴侣 | 0.75 | 10 | 100 |

按权重调整后，各情景的分数可能如表 3.2 所示。

表 3.2　调整权重后的各情景分数

| 价值指标 | 权重 | 情景 A：不结婚 | 情景 B：结婚 |
| --- | --- | --- | --- |
| 没有争吵 | 0.25 | 20 | 7.5 |
| 孩子 | 0.75 | 0 | 52.5 |
| 自由 | 0.25 | 20 | 2.5 |
| 花销少 | 0.50 | 50 | 5 |
| 同俱乐部中的聪明人士交流 | 0.10 | 8 | 4 |
| 终身伴侣 | 0.75 | 7.5 | 75 |

这个结果同达尔文的最终决定是一样的：146.5 分对 105.5 分，结婚选项赢得决定性胜利——尽管单身选项中有超过一半的价值指标的得分超过结婚选项。

富兰克林称他的方法为“道德代数”，而数值建模则更接近于道德算法：通过一系列用于操纵数据的指令产生一个结果。该案例采用了针对不同选项的数字评分法。或许很多人会认为这种计算过于简单化了：将一个复杂的情感决策简化成了数学表达式。然而，这整个过程依赖于它之前的诸多步骤：绘制决策地图，想象各种情景，进行事前剖析，举办集思会等。只有在对手头选择进行全面调查之后，权重和分数的计算才有意义。即便不做计算，这样的框架也是适用的：列出你的核心价值指标，思考它们对你的相对重要性，描绘各情景是如何影响这些价值指标的，再依据叙事方法做出决定。

在涉及两个以上选项的情况下，线性数值建模被认为是一种非常有效的工具，它可用于排除权重较弱的情景。与数字相加相关的方法通常会特别无情地揭示某个几乎在所有方面都表现不佳的选项。（用行话来说，它们被称为“占优备选项”。）到最后，你可能不会完全依赖数字也能在两个最优选项中做出最终选择，但在此之前，这些数字可能已经帮你排除了其他选项，只留下了这两个值得考虑的选项。这种计算方法有助于你大刀阔斧地砍掉先前花费大量时间得出的细枝末节式的备选项。

在某种意义上，线性数值建模可以说是基于边沁和穆勒的“最大多数人的最大幸福”的理念而衍生出来的一种方法，虽然它乍看起来更像是一种以自我为中心的道德演算。不过，这一数值模型并不是完全以个人兴趣和目标为导向的。某一决定未必就是建立在单一个人的价值观之上的。事实上，线性数值建模被证明是一个非常有效的工具，尤其是当一个决定涉及价值观各不相同的利益相关方时，因为在计算结果之前，你要考虑他们的不同观点并赋予各个观点不同的权重。达尔文的正反理由分类法难以扩展用于满足社区竞争性的需求，但采用线性数值建模法却没有问题。当然，你优先考虑的价值指标未必是以自我为中心的。比如，在“建造一个公园，提升曼哈顿这座不断发展的城市的福利”上，你赋予了一个高权重值，这说明你将“更多人”纳入你的计算，而这个“更多”，至少也多于你的直系亲属的小圈子。

事实表明，这类计算有助于我们做出更富有远见的决策。同时，这样一个事实也开启了一种非常有趣的可能性。如果我们在审议过程中使用数学算法，那么当我们在一台以算法语言为本机语言的机器上进行运算时会发生什么呢？

### 谷歌“恶性事件”表格：如何减小不确定性？

2012 年 5 月，谷歌向美国专利局（US Patent Office）申请了编号为 8781669 的专利。[8] 这项专利的名称——“基于风险考虑的自动驾驶车辆的主动传感技术”（Consideration of risks in active sensing for an autonomous vehicle），与这家以网络搜索而闻名的公司似乎没有太大的关联性。事实上，当时的谷歌已经进军自动驾驶汽车领域，而这也是它首次公开承认此事的文件之一。

这份专利文件概述了传感器之间的一系列技术互动，并通过示意图标示了这些传感器在车上的位置。但从本质上看，它是对自动驾驶车辆如何做复杂决定的一种描述。文件包含一张颇为有趣的表格，它精确地描述了控制汽车的软件在面临危险的路况时是如何考虑风险的：在均有车辆行驶的双向车道，有一个行人闯入了你的车道。这辆汽车应该决定做什么？

乍看起来，这类选择可能与本书所述主题的关联性不大，因为它们与人类深思熟虑的决定恰恰相反。在时速 40 英里的情况下，即便有半秒的思考时间，你也根本无法做出选择，因为在你选定一条路之前，你的车已经撞上那个行人了。但计算机有着不同的运算速度：在有些事情上运算速度快，在有些事情上运算速度慢甚或不具备运算能力。比如，在涉及空间几何或物理的、有意义的变量较为适中的系统里，计算机的运算速度就很快：一个在过十字路口的行人，一辆朝你疾驰而来的运动型实用汽车（SUV）。因为这类问题是可以在极短的时间内解决的——当然，正如我们将要看到的，“解决”这个词用在这里并不是很合适。数字决策算法可以将我们做远见决策的时间缩短到几纳秒。谷歌专利文件中的那张表格，与线性数值建模中的表格极为相似，原因就在这里。谷歌的自动驾驶汽车可以将思考时间缩至人的本能反应时间。

表 3.3 中列的是一份“恶性事件”清单。有些是灾难性的大事故：被卡车撞了；撞到行人。有些是小事故：车上某个传感器因被某物体遮蔽而致使信息丢失。每个恶性事件都按照两个关键特性计分：风险等级和概率。如果该汽车刚刚越过道路中线，那么它与迎面而来的汽车相撞的概率较低，但两车撞击这个事件的风险等级很高。如果它急忙转入停车道，这个角度可能会遮蔽一个摄像头，但与另外一辆车发生高风险撞击事故的可能性或会将至为零。基于这些评估，软件为每一种行动计算“风险惩罚分”，即风险等级乘以概率。被迎面而来的车撞倒的可能性是极低的（0.01%），但被撞的风险程度却非常高，这时候，软件就会避开可能导致这种结果的选项，即便其他“恶性事件”发生的可能性是该事件的 1 000 多倍。

表 3.3　恶性事件风险惩罚分清单

| 恶性事件 | 风险等级 | 概率 | 风险惩罚分 |
|---|---|---|---|
| 被大卡车撞 | 5 000 | 0.01% | 0.5 |
| 被迎面而来的车撞 | 20 000 | 0.01% | 2 |
| 被左侧车道驶来的车追尾 | 10 000 | 0.03% | 3 |
| 撞上闯入道路中间的行人 | 100 000 | 0.001% | 1 |
| 丢失摄像头在当前位置提供的信息 | 10 | 10% | 1 |
| 丢失另外一个传感器在当前位置提供的信息 | 2 | 25% | 0.5 |
| 干扰路线规划，在交通信号灯处右转 | 50 | 100%（如果转弯是规划好的） | 50 / 0 |

当车在路上遇到动态情况时，它会依据可以采取的潜在行动，对照表格中的各个版本进行快速组合：左转，右转，紧急刹车等。在潜在风险方面，每一种行动都包含一组不同的概率。避开迎面而来的车辆会将对撞的风险降到近乎为零，但仍有相当大的概率会撞上行人。风险等级分数实际上是车的道德罗盘，是边沁的功利主义分析的一种旁系衍生法：相比于撞上行人，干扰路线规划、右转行驶的结果显然更优，因为后者会带来“最大多数人的最大幸福”，尤其是对于那个行人来说。在这张“恶性事件”表格中，道德法则是以数字表示的：在这个例子中，软件认为撞上行人的后果比与迎面而来的车相撞所产生后果严重 4 倍。这里的假设条件是，在当前车速下，如果行人被撞

则可能造成死亡事故，而两辆车相撞，车上的人会活下来。但如果车速更快，风险等级则会呈现另外一种情况。

在某种意义上，谷歌的“恶性事件”表格可以说是线性数值模型的一个镜像版。在依照达尔文的正反理由清单进行线性数值模型重建时，我们为他希望在生命中取得的所有积极结果赋予了相应的权重值：同俱乐部中的聪明人士交流，家庭，陪伴等。谷歌的表格为所有负面结果赋予了相应的权重值，并按照概率评估对这些权重值进行了修正。尽管“恶性事件”表格的初衷在于做出瞬间决策，但这个架构对我们来说却有重要的借鉴意义，它有助于我们审慎做出时间跨度为几个月乃至几年的决策。第一，它包含概率评估。要知道，在追捕本·拉登的行动中，这种概率评估在内部辩论中发挥了极其重要的作用。第二，它不仅迫使我们考虑我们的目标和价值观，还会迫使我们考虑那些极易被忽视的事情：极不可能发生的灾难。有些结果是灾难性的，尽管它们的发生概率很低，但审慎的做法还是要不惜一切代价避免此类事件发生。拿出时间建立你自己的“恶性事件”表格，这样在做复杂决策时，你的大脑就不会只关注那些好的结果了。

正如司马贺的著名论断，无论决策者多么富有远见，不确定性都是复杂决策中无法避免的一个因素。如果我们拥有完美的洞察力，对所做选择的下游结果有着清晰认知，那么我们根本无须通过各种策略——如事前剖析和情景规划等——设想未来。不确定性虽然无法避免，但在决策过程中，我们可以用各种方法来减少不确定性。首要的一点就是避免只关注最有可能发生的结果。在对各种变量进行综合考虑之后，如果人们幸运地发现一个可能会产生最佳结果的选项，那么他们会自然而然地把重点放到这一路径上，从而忽略了“不确定性之锥”中发生概率较低的结果。一条决策路径有 70% 的概率可以取得非常好的结果，有 30% 的概率会遭遇灾难性的结果；另一条决策路径同样有 70% 的概率可以取得非常好的结果，有 30% 的概率会遭遇不甚理想但可容忍的结果。这实际上是两条截然不同的路径。因此，在决策艺术中，你要做的事情之一就是全面考虑不太可能发生的结果，并将其作为一项安全防范措施。麦克雷文和他的团队有充分的理由相信，巴基斯坦方面最终会理解为什么美国人在本·拉登突袭行动中会做出擅自闯入其领空的决定，但他们也认识到，他们的盟友可能会将这次行动视为一种背叛，并采取某种报复行动。所以，他们开辟了另外一条为驻阿富汗部队提供物资补给的线路，从而解决了这一后顾之忧。但如果居于第二的概率结果是一个灾难性的结果，那你可能就得回过头来另觅他途了。

减少不确定性的另外一种方法，是支持那些在你选定之后仍可被修正的路径。决策路径各不相同，衡量标准之一就是选定之后，你在多大程度上可以对它们进行修补、改进。比如，从当前看，某一条路径有 70% 的概率可以产生非常好的结果，但一旦你做出最终选择之后，你就不能做进一步迭代了。这样一条路径的吸引力，或许赶不上那种选定后仍允许你依照事实进行修正的决策路径。在某种意义上，这可以说是“最小化可行性产品”（minimally viable product）理念的一个版本。最小化可行性产品是当下技术领域非常流行的一个理念：不要试图交付最完美的产品；交付最简单的、对你的客户可能有用的产品；产品一旦上市之后，再对它进行改进和提升。按照这种方法去思考一个决定，则意味着在线性数值模型中增加一个不同的变量：下游灵活性（downstream flexibility）。比如搬到新城镇后买房和搬到新城镇后租房，前者的下游灵活性显然不及后者。达尔文在他的正反理由清单中未敢包含的第三种选择——在共结连理之前先与艾玛一起生活一段时间——在今天已经变得非常普遍，而一个主要的原因就是，在事情未按计划发展时，它会给予你更多的灵活性。在可选路径中，那些具有下游灵活性的路径很可能是最具策略性的路径，因为未来充满不确定性和复杂性。我们大多敬佩那些做事果断的领导者——他们能做出艰难选择并一直坚持下去。但有时候，最富有远见的决策是那些留有改进和提升余地的决策。

### 让大脑默认网络发挥魔力

尽管计算决策有着悠久的历史——从边沁到谷歌的自动驾驶汽车，但公允地讲，我们大多数人在做复杂决策时并没有进行任何实际的数学计算。这或许不是一件坏事。最重要的工作在于我们如何创设一个决策，即我们采用什么样的策略来克服源于有限理性的所有挑战：探索多重视角，制订情景计划，确定新的选项。如果我们在绘图和预测阶段做了充分的工作，那么真正的选项往往也就显而易见了。而这也是大脑默认网络厉害的地方之一。我们的大脑非常擅长思考复杂的决定——想象这个决定会如何影响其他人，想象你会如何应对不同的结果。靠着非凡的技能，我们将这些基于直觉的情景规划作为后台程序。但问题是，当我们创建这些情景时，我们的视野往往会受到限制。我们或错失了至关重要的变量，或执着于某个关于事件如何发生的假设，或未能看到有助于调和冲突目标的第三选项。所以，对一个复杂选择来说，我们在绘图和预测阶段所做的努力，实际上是为大脑默认网络提供了更多的可加工素材。

你可以绘制出所有的变量，对你的假设进行红队研判，并为各选项制订相应的情景计划，但到最后，你所做的最终决定往往更接近于艺术而非科学。所有与绘图和预测相关的演练以及在对话中引入多元化观点，都有可能带来先前你未曾预料到的新选项，或有助于你发现你的第一反应是错误的。比如，奥巴马团队也是慢慢才意识到，那栋建筑物内可能真的藏着他们的头号敌人。如果幸运的话，投入决策流程的时间和思考会给你一个明确的选项。

但有时候，这个答案是模糊的。你需要从剩下的几个选项中做一个艰难选择，而每一个选项都会给受此影响的人带去不同程度的痛苦或快乐。在这种情况下，按照线性数值建模等方法计算分数，或会让问题变得明晰。如果你面临的是群体选择，这种选择涉及不同的利益相关方，而他们又都有不同的目标和价值观，那么将计算引入决策无疑是有助益的。但如果做决策的只是少部分人，那么最好的方法可能还是老办法：专门抽出时间细细思考。在某种意义上，决策的前期准备工作应包括时下最先进的策略：事前剖析、情景规划、专家角色，以及利益相关方的集思会等。但一旦这些演练拓宽了你的视角，并帮助你跳出最初的直觉反应之后，接下来你要做的就是静待沉淀，让大脑默认网络发挥魔力。延长散步时间，在淋浴间多逗留一会儿，放飞你的思绪。

面对艰难选择，我们需要训练大脑，避免出现“系统 1”思维中的瞬间判断。我们需要对各种新的可能性持开放态度，其中首要的一点就是要接受这样一种可能性：我们对某一事件的直觉反应很可能是错的。本书所描述的几乎每一种策略，最终都是为了同一个目标：帮助你从新的角度看清当前形势，跳出有限理性的局限，并就你从未想到过的事情列一份清单。严格来讲，这些都不是你所面对的问题的解决方案。它们起到的作用是提示、剖析、敦促，是为了让你跳出默认语境，而不是给你一个固定答案。但与达尔文以及维多利亚时代其他人所尝试的庸医疗法不同，这里的很多干预方法都得到了对照实验的支持，并在此基础上做了改进。没有哪一种算法可以百分之百地保证我们做出明智的选择，但却有很多技巧可以阻止我们做出愚蠢的选择。

## 奥巴马的选择

中央情报局的一个线人通过“科威特”追踪到了阿伯塔巴德那栋

让人生疑的建筑物。在这则消息最初传到华盛顿时，几乎所有听过描述的人都做出了相同的本能反应：这看起来不像是乌萨马·本·拉登的藏身地。这些直觉反应尽管在当时看起来很有说服力，但它们最终被证明是错误的。这就像美国起初认为萨达姆·侯赛因一定在制订大规模杀伤性武器计划一样，最终被证伪。不过，在有关本·拉登的这个问题上，美国情报界和白宫人士并没有屈从于他们最初的直觉，而是对这种直觉进行了探索和挑战：他们对本·拉登是否藏匿在目标建筑物内以及采取何种方式对该建筑物发起攻击进行了全谱分析。他们对攻击后果做了长远预测，并就这些预测组织了红队研判。最重要的是，他们把决策视为一个过程，一个需要时间、协作和结构化审议的过程，这样一来，他们就能够看到过去建立在本能反应上的种种曲解，这有助于他们做出正确的选择。

在本·拉登问题的决定上，无论是奥巴马还是他的直接下属都没有做过数学分析，他们只是对本·拉登藏身于目标建筑物的概率进行了多次估测。不过，在其他方面，他们都遵循了我们在前面章节中探讨的决策模式。最终，奥巴马召集了他的关键团队，就本·拉登问题征求团队每一位成员的意见。持反对态度的只有美国前副总统乔·拜登（Joe Biden）和时任美国国防部部长的盖茨。其他所有人均赞成采取突袭行动，尽管很多人——包括奥巴马本人在内——都认为本·拉登藏匿于此的概率至多有 50%。盖茨第二天改变了主意，而拜登依然持反对意见，后来他声称奥巴马在反对副总统以及为突袭行动开绿灯方面展现出了“钢铁般的勇气”。正如我们所常见的，对一个决定展开探索，描绘所有可能的未来结果，然后把后续工作交给大脑的默认网络，届时，最有前景的一条路径就会越来越清晰地呈现出来。在就以何种方式对目标建筑物发起攻击的问题上，行动团队提出了四个主要选项，但其中三个选项被发现存在致命缺陷，这三个选项是：轰炸机轰炸、无人机“定点清除”，以及与巴基斯坦方面采取联合行动。这样一来，麦克雷文的计划也就成了最终选项。

基地组织头目本·拉登被击毙的消息一经宣布，赞誉之声不绝于耳。在情报界和反恐领域，这样的行动是非常罕见的，这是一次完美的成功。事实证明，那栋建筑物确实是乌萨马·本·拉登的藏身地。在短暂的交火中，本·拉登被击毙，尸体被运走，海豹突击队队员仅受了一点儿轻伤。麦克雷文和他的团队唯一没有准确绘出的因素就是庭院内部的气流，这最终导致一架“黑鹰”直升机在试图降落时坠毁。而即便是损失一架直升机的意外情况，也在美方团队的情景规划之中。他们已经通过演练确信，在突袭行动完成之后，全部参战人员仍可搭乘另一架直升机离开。这架直升机的损失是一个“已知的未知”事件：你可以为此制订计划，因为在作战行动中，一架“黑鹰”直升机遭遇意外而坠毁是在概率范围之内的。当这个可能的情景成为现实后，海豹突击队队员即可按照之前几个月模拟演练中的预案行事：炸毁直升机，继续行动。

对于这种顺利开展的行动，我们通常会庆祝什么呢？我们会庆祝海豹6队成员以及他们的指挥官的勇气。我们会庆祝领导者的果断和他们在做正确选择时的智慧。但这些都是品质，而不是行动。击毙本·拉登的这个决定之所以能够取得成功，归根结底还是因为它被当作了一个问题对待。这诚然与人的智慧、勇气和果断等品质分不开，但在其他一些不是很成功的军事行动，如布鲁克林会战或猪湾行动中，这些品质也都有所展现。再比如，在伊朗人质救援行动和伊拉克大规模杀伤性武器调查行动中，参与决策的也都是聪明的、充满自信的人。击毙本·拉登行动决策团队的不同之处在于：他们拥有一个审慎决议流程，而这个流程会迫使他们调查他们不喜欢的一切，迫使他们去设想行动进程中可能出现的严重错误。这个流程的重要性丝毫不亚于突袭行动本身。但在公众的记忆中，它往往会被遗忘，因为这是一次引人注目的突袭行动，其所体现出来的英雄主义以及它惊人的暴力场面，自然会在风头上压过决策本身，压过为此决策所做的长达几个月的种种努力。我们希望我们的领导者——无论是政府中的、公民生活中的、公司董事会中的，还是规划委员会中的——能够展现出同样的意愿，放慢决策步伐，从多个角度着手，挑战初始的本能反应。如果我们想从成功的行动中学到东西，比如阿伯塔巴德突袭行动，重要的并不是行动本身，而是行动背后的决策流程。

凌晨两点，运载本·拉登尸体的“黑鹰”直升机降落在阿富汗东部城市贾拉拉巴德。麦克雷文和中央情报局驻地负责人进行了常规性尸体验证。尽管此前已做了各种准备，但在现场，他们还是发现没有带卷尺，所以无法确定死者身高是否为6英尺4英寸[①]，而这也是已知的本·拉登的身高。（他们最终找到了一个与之身高相同的人，让他和尸体并躺在一起，做了粗略测量。）几个星期后，奥巴马总统向麦克雷文颁发了一枚勋章，表彰他在策划此次行动中表现出的聪明才智。这枚勋章上面附有一把卷尺，以提请注意“麦克雷文选项”中未能被预料的极少的要素之一。麦克雷文和其他分析师以令人难以置信的细节和先见绘制了决策地图，他们对目标建筑物及其围墙的测量精确到了英寸。他们只是忘了携带测量本·拉登身高的工具而已。

① 1英寸为2.54厘米。——编者注

第二部分

# 两种极端决策

# 第四章　着眼全球问题

幻想倏忽而至，现实姗姗来迟。着眼长远是为了刺穿幻想。

——斯图尔特·布兰德

20 世纪 60 年代初，也就是在极大地改变了冷战军事战略的那个战争游戏狂热期，美国海军军事学院获得了一台价值 1 000 万美元的计算机。它的作用不是计算鱼雷的轨迹或协助编制造船预算；相反，它是一台被称为“海军电子战模拟器”（Naval Electronic War Simulator）的游戏机。通过对战争游戏中模拟情景的管理，该计算机可以增强军事指挥官的决策权，因为计算机在更复杂关系的处理上，显然要强于一群围着游戏图板掷骰子和移动令牌的人。我们无从确定海军电子战模拟器是否真正提升了美国在之后几年里的军事决策能力，但有一点毋庸置疑，那就是越南战争的最终路径表明，它在智能方面的提升是非常有限的。

在 20 世纪 60 年代，关于智能计算机足可用于辅助做复杂决策的想法可能为时尚早，但时至今日，这已经不再是科幻小说中的情节。

气象超级计算机的集成预测有助于我们决定是否从某个受飓风影响的沿海区撤离。各城市使用都市模拟器评估新建桥梁、地铁或公路对交通或经济的影响。让 19 世纪最出色的一部分人感到困惑的那些决定，比如决定填埋集水池的那些城市规划者，达尔文和他的水疗法，现在已越来越多地接受了算法和虚拟世界的指导。

超级计算机已经开始承担起古时传神谕者的角色：它们能让我们看到未来。随着这种预见能力日渐强大，我们在做艰难选择时越来越依赖于这些机器的帮助，甚或还会让它们替我们做决定。在有关集水池的未来问题上，如果用计算机辅助做决策，我们就能很容易地想象与之相关的模拟和预测：评估曼哈顿市区的人口增长，评估破坏一处淡水水源的生态影响，以及评估污染该水源的制革厂的经济命运。

大约在 100 年前，路易斯·弗莱伊·理查森在《数值天气预报》中提到了自己的“梦想”，他期望将来能有一种可以计算天气预报的机器。当时，这位数学家只是希望这种预测能够提前几天，这或许就足以让船只在飓风到来前躲进避风港，也足以让一座繁华的都市为即将到来的暴风雪做好充分的准备。如果理查森能够看到 21 世纪头 20 年的“数值处理”情况，他必定会惊愕不已：各种机器，如设在美国国家大气研究中心（National Center for Atmospheric Research）怀俄明州办公室的超级计算机“夏延”（Cheyenne），拥有极其强大的计算能力，其本身就可以模拟地球气候行为。通过“夏延”这样的机器，我们所做模拟的时间跨度远超理查森的想象：几十年乃至几个世纪。当然，这些预报是含混模糊的：如果你问 2087 年 7 月 13 日纽约人是否应该穿雨衣出门，“夏延”是无法给你答案的。超级计算机只会告诉我们长期趋势，比如哪里可能会形成沙漠，哪里可能会经常暴发洪水，以及哪里的冰帽可能会融化等，而即便是这些趋势，也仅仅是从概率上而言的。这种远见尽管有时看起来比较模糊，但与 100 年前理查森的任何想象相比，都要准确得多。

在色拉布（Snapchat）和推特（Twitter）等社交媒体上，人们注意力的持续时间在缩短，而数字技术常被认为是导致这一现象的主要原因。但事实上，在迫使人类应对一个极为复杂的，也可能是目前为止最复杂的长期决策方面，计算机模拟一直发挥着至关重要的作用，这就是如何应对气候变化。时下，科学家已就全球变暖产生的严重威胁达成了广泛共识，而这在很大程度上得益于“夏延”等超级计算机的模拟。如果没有这些机器建立的全谱模型——从追踪全球性现象，如高速气流，到二氧化碳的分子特性，可谓无所不包——我们在考虑气候变化的潜在威胁时，在强调转向可再生能源的长期重要性时，也就没有那么大的信心了。现在，这些模拟影响着全球数以百万计的决策——从个人选择购买混合动力汽车而非燃油车到社区决定在公立学校安装太阳能电池板，再到决定签署巴黎气候协定，不一而足。顺便说一句，无论是从缔约方的数量还是从目标上来看，巴黎气候协定都是人类历史上最具全球性的协议之一。

我们有能力做出这些决定，但这一事实不应成为我们安于现状的借口。我是在 2017 年秋写下这些话的，而就在几个月前，特朗普政府宣布美国将退出巴黎气候协定。再过 20～30 年，当我们回望这个时期时，我们可能会将这一事件视为“大破解”（great unraveling）时代的开始，越来越多的公民将气候变化斥为“假新闻”，进而导致政府在气候变化行动上运转失灵，并损及人们为降低全球变暖影响而做的努力。

如果你对大多数美国人做一项民意调查，我认为大部分人会说我们在长期决策方面的表现越来越差，会说我们生活在一个注意力持续时间短暂的时代，而这样一个时代使得我们考虑问题时不再着眼长远。相当一部分人可能会指出，我们作为一个物种对环境造成的损害，是我们目光短浅的最明显的例子。

在过去的几十年里，的确出现了一些令人不安的趋势，其中大多数与多样性这一关键属性有关。这些趋势从根本上违背了我们做集体决策的方式。在美国，所谓的“杰利蝾螈”（gerrymandering，即以不公平的选区边界划分方法操纵选举）降低了众议院选区选举背后的意识形态多样性：越来越多的国会成员是从共和党或民主党占压倒性优势的选区中被选举出来的，国会选区政治世界观的同质性远高于美国历史上的其他时期。但这一趋势并不完全归因于谋求连任的政客的计划。我们正经历人口统计学上的一场“大排序”（Big Sort）：城市和内环郊区正逐步被民主党人占据，而远郊区和乡村则日渐成为共和党人的地盘。所以，当我们因地方性决策而走到一起时，至少从政治上讲，我们组建了一支高度同质化的决策队伍，因而也更容易遭遇源于同质化的群体决策缺陷。

在关于多样性的重要性的文化辩论中，这一点常常被低估。在特朗普内阁会议或共和党众议院党团会议上，我们看到的全是身着正装、打着领带的中年白人男性。在这种情况下，我们很容易把群体中缺少多样性放到平等主义或代议制框架中思考，并将其视为相关问题的原因所在。这是完全经得起推敲的。我们希望有一个“看上去像美国”（looks like America）的内阁，因为它会让我们更接近这样一个世界——各行业各的人才都能突破阶层固化，找到进入政府最高层的路径。这些来自不同阶层的人，自然有着不同的利益诉求，而这些利益诉求则会在我们的治理方式中得到体现。但在我们抱怨私营部门或公共部门组织的高管团队缺少多样性时，我们往往忽视了另外一个因素：多样性群体或多元化群体有助于做出更明智的决策。在这一点上，关于性别和决策的研究数据再清楚不过了。如果你想组建一支《希特勒的春天》（*Springtime for Hitler*）式的反智团队，只为搞砸复杂决策，那么你完全可以招募清一色的男性成员。所以，当我们看到一群男性签署法案，反对为美国计划生育联合会（Planned Parenthood）提供资助时，我们不应只指出，女性对计划生育联合会的价值的理解可能多于男性。我们还应指出，在包括“女性问题”在内的任何问题上，若仅由男性来做决策，则犯错的可能性更大。

尽管存在这样或那样的限制与障碍，我们都应提醒自己，在其他很多领域，我们所做决策涉及的广度和深度远超我们曾祖父祖母辈的想象。比如，在1960年做出的决定中，没有人会考虑其对2060年的大气碳的影响。时下，全球范围内在做决策时将这些长期影响考虑在内的人，每天都数不胜数，比如政客在提议出台新法规时会将真实的碳成本包含在成本效益分析中，企业高管会选择将可再生能源作为总部运营的替代能源，普通消费者会在超市中选择购买“绿色”产品等。

回想一下皇后区的草原湖：在黄绿藻大暴发后，湖中的鱼苦苦挣扎着呼吸越来越少的氧气。在某种意义上，这些鱼就是决策流程中的利益相关方。它们被归入意义重大的变量类别，部分原因是它们在这一生态系统中扮演着重要角色，而从根本上讲，这个生态系统又维系着人类的生活。同时，这也是因为很多人认为，无论它们是否支撑人类的需求，它们作为这个地球上的一个物种，在某种程度上是享有固有的生命权的。当早期的曼哈顿人决定填埋集水池时，没有人描绘这样一条决定曼哈顿下城生态的影响路径。他们只是在想填埋这个污染日趋严重的池塘，再在上面建造一些新住房。

怀疑论者会辩称，没错，的确是有一些关注湿地动植物的环境规划者，但从整体上看，我们正以前所未有的速度毁坏这个地球。过去的两个世纪无疑是人类历史上对环境破坏最严重的时期：我们在草原湖每保护一种鱼的同时，亦有1 000个物种被我们灭绝。这不是明确地表明我们现在所做的选择越来越糟糕了吗？

但事实的真相是，从物种层面上看，在长达 20 000 年乃至更久的时间里，我们对生态的破坏是穷尽一切技术手段的。无可否认，前工业时代的一些社区会将“自然平衡”作为一个因素纳入集体决策，比如该吃什么，要住在哪里等。但在人类历史的大多数时间里，为追逐短期需求，我们愿意牺牲几乎任何一种自然资源。回想一下，从大约公元前 11000 年到公元前 8000 年，也就是人类占领北美之后的最初几千年里，一长串的哺乳动物被我们灭绝：乳齿象、大型美洲豹、猛犸、剑齿虎，以及十余种熊、羚羊和马等其他动物。从历史上看，在大多数时期，我们发起的屠杀更多的是受我们所掌握的技术的限制，而不是受我们的智力或道德的限制。我们总是把工具的威力发挥到极致。现在，我们有了更好的工具——如果“更好”用在这里合适的话，我们可以制造更多伤害。

从另外的方面讲，草原湖里的鱼也表明了一种新的思考方式：即便一个物种在短期内对人类来说没有多少价值，我们还是会去保护它。自石器时代开始获得挖掘工具以来，人类一直在填埋池塘。但细细思考地表径流水中的氮对水藻密集滋生的影响，以及水藻密集滋生有可能导致湖中鱼类窒息的做法，无疑是一种新的思维方式。

事实上，我们中的一些人仍在辩论全球变暖是否真的存在，更不用说我们应该如何应对了。这表明，我们仍未熟练掌握这种思维方式。现在美国正威胁退出巴黎气候协定，这看起来的确不是一个好兆头。但这一特定叙事才刚刚拉开序幕，我们对它的结局一无所知。就目前而言，巴黎气候协定实际上是由两种截然不同的决策构成的一个故事：一边是 198 个缔约方，一边是一位发誓退出协定的喜怒无常的领导人。从长远来看，哪一边更令人印象深刻？自农业起源以来，人类历史上就不乏冲动的领导人。真正意义上的能对我们的日常生活产生实实在在影响的全球协定是一种新的调和物。

在这类选择上，我们有时显得颇不胜任，但实际上，这是因为我们在按反向曲线评判：我们现在有了更高的标准，所以在深思熟虑方面，我们有时看起来不及我们的祖先。而事实是，在过去的几个世纪里，无论是决策的谱系范围还是决策的时间跨度，都有了大幅提升。阿兹特克人和古希腊人可以透过历法和相对原始的天文学看到未来。他们建立了可存续数个世纪的机构和结构，却从未认真考虑过如何解决 50 年后可能出现的问题。他们可以看到长远的周期性和连续性，却无法预料紧急问题。

对于未来，我们是更好的预测者，我们的决策已经开始反映这种新的能力。问题是，未来正以前所未有的速度向我们走来。

### 反 METI 计划：风险由谁承受

我们的时间跨度可以拉到多长呢？作为个体，我们几乎每个人都会认真考虑贯穿一生的几个决定：和谁结婚，是否要孩子，在哪里生活，追求什么样的职业等。作为一个社会整体，我们积极思考时间跨度超过一个世纪的决策，比如涉及气候变化、自动化和人工智能、医学，以及城市规划等的决策。这个时间跨度还能拉得更长吗？

我们应不应该同其他星球上的智慧生命对话？对于这样一个问题，我想我们大多数人可能都没有太强的感觉，至少在一开始时是这样的。2015 年，包括埃隆·马斯克（Elon Musk）在内的十余名科技界明星签署了一份声明，对这个问题给予了明确的否定回答。“有目的地向银河系中的其他文明发送信号，”该声明说，“会引起全世界人们的担忧，无论是信息本身还是联系的后果。在发送任何信息之前，都必须在全球范围内进行科学、政治和人道主义讨论。”他们声称，实际上，某个高级外星文明可能会回应我们发出的星际问候，而回应的方式就像当年的西班牙殖民者埃尔南·科尔特斯（Hernán Cortés）对待阿兹特克人一样。这份声明针对的是时下一项日趋活跃的运动，领导该运动的是一个跨学科团体，这个团体由天文学家、心理学家、人类学家和业余航天爱好者组成，旨在向银河系内可能存在生命的特定星球发送信号。不同于仅仅通过望远镜扫描智慧生命信号的“搜寻地外文明”（SETI）计划，这项新的运动——有时也被称为“主动搜寻地外文明”（METI）计划——意在主动与外星文明取得联系。METI 计划的负责人是 SETI 计划的前科学家道格拉斯·瓦科克（Douglas Vakoch）。该组织计划从 2018 年开始发送一系列信号。物理学家尤里·米尔纳（Yuri Milner）的“突破聆听”（Breakthrough Listen）计划也承诺支持一项名为“突破信息”（Breakthrough Message）的姊妹计划，其中就包括星际信息传送的公开竞赛。你可以把这想象成星际设计集思会。

如果你认为通过这种信息，我们就有相当大的把握可以与外星文明取得联系，那么不难想象，这将是我们作为一个物种所做出的最重要的决定之一。我们会成为银河系中的内向者，躲在门后收听外星生命的信号吗？或者，我们会成为外向的会话发起者吗？（如果是后者，我们应该说什么？）考虑到通信者之间的距离，向太空中发送信息这样一个决定可能在 1 000 年甚至 10 万年内都不会产生有意义的结果。人类第一次有目的地向太空发射信息是在 20 世纪 70 年代，即弗兰克·德雷克（Frank Drake）发射的著名的“阿雷西博信息”（Arecibo Message），目的地是距离地球 5 万光年远的一个星团。按照物理定律，我们最早可在 10 万年后获知该决定的结果。很难想象还有比这耗时更长的决定了。

反 METI 计划运动认为，[1] 如果我们真的联系上了另外一种智慧生命，几乎可以确定的是，我们的新笔友的文明程度将远超过我们。（相对落后的文明可能无法探测到我们的信号，而恰巧联系上了一个技术发展程度与我们相当的文明，那种概率实在是太小了。）正是由于这种不对称性，很多着眼于未来的思想家认为 METI 计划不是一个好主意。人类的剥削史在 METI 计划批评者的想象中留有深刻印记。比如，斯蒂芬·霍金（Stephen Hawking）在 2010 年的一部纪录片中表示，“如果外星人拜访我们，结果大致就是哥伦布登陆美洲的场景，而事实证明，这对美洲原住民来说并非喜讯”。天文学家、科幻作家大卫·布林（David Brin）认同霍金的评论，他说："就已知案例而言，技术上先进的文化在同技术上落后的文化接触时，其结果至少是痛苦的。"

关于 METI 的决定，其中一点就是它迫使我们突破常规的思维局限。比如，利用人类自身的智慧，去想象一些与我们完全不同的智慧生命。比如，无限拉长时间跨度，想象在 2017 年做出的一个决定，在 1 万年后可能引发的严重后果。这些后果的严重程度对我们常用的因果关系标准形成了挑战。如果你认为 METI 有相当大的可能性会与银河系中的另外一个智慧物种建立联系，那么你就必须接受这样一种假定，即这个由天文学家、科幻作家和亿万富豪组成的小团体正在全力谋划一个决定，一个被证明是人类文明史上最具革新意义的决定。

这些又把我们带回到一个更现实但依然充满挑战的问题上，即由谁来决定的问题。经过多年争论，SETI 团体制定了一项商定规程，这也是科学家和政府机构在 SETI 探测到来自太空的智慧生命信号后必须遵循的一项规程，其明确规定："在进行适当的国际磋商之前，不得对来自外星的智慧生命的信号或其他证据给予回应。"但在我们自己国家的星际探索中，却不存在类似的指导原则。

在未来的几十年里，随着人类科技实力的提升，关于 METI 的争论还会持续下去。与此同时，我们还会面临其他事关人类生存的决定。我们应不应该创造超级智能机器？这种机器的智慧能力远超人类，以至于到最后我们都无法理解它们是如何工作的。我们应不应该“治愈”死亡？时下，硅谷的很多梦想家已经提出了这个问题。同METI一样，这些都是关乎人类的最重大的决定，然而，积极参与这些决定的人却少之又少，至少目前看来是这样的。

在有关METI决定的争论中，最富有思想的参与者之一是位于加拿大多伦多约克大学（York University）的人类学家凯瑟琳·丹宁（Kathryn Denning）。她声称，类似于METI的决定需要更广泛的利益相关方的参与。“在我看来，关于METI的争论是科学知识与讨论内容高度相关的一个话题，这样的话题是非常少见的。但它与已有政策的关联性却不大，因为在最终的分析中，它涉及的是地球上的人类愿意承受多大风险……那么，为什么一定是天文学家、宇宙学家、物理学家、人类学家、心理学家、社会学家、生物学家、科幻作家或其他什么人（上述列举排名不分先后）来决定这个风险承受度呢？”丹宁表示。

SETI商定规程之类的协议，乃至巴黎气候协定，可以说是人类决策史上真正的成就。但它们更多是规范而不是实实在在的立法。它们并不具备法律效力。规范具有强大的约束力，但正如我们在最近几年里看到的那样，规范有时候也很脆弱，容易被那些不受主流束缚的人破坏。它们也很难抵挡技术革新的步伐。

在涉及灭绝级别风险的决策中，规范的脆弱性最为明显。一些新技术（例如自我复制机器）或新干预（例如METI）的出现，即便只给我们的生存带来微不足道的风险，也需要我们对其加大监管力度。

正如丹宁所表明的，制定这样的法规需要我们从全球层面测量风险容忍度。这将需要一种全球“恶性事件”表格，只不过衡量的并不是那些在短短几秒内就会发生的事件的风险等级（谷歌算法就可以做到这一点），而是那些有可能在几个世纪内都不会出现的事件的风险。如果我们不建立可衡量这种风险容忍度的机构，那么在默认情况下，冒险主义者就会设定议事日程，而我们其他人将不得不承受由此产生的后果。这种模式不仅适用于与生存风险相关的选择，也适用于与生存变革相关的选择。在美国或欧洲，如果你问人们是否喜欢“治愈”死亡，他们大多会说不喜欢——相对于永生，他们更喜欢追求长寿，也更喜欢追求有意义的生活。但如果永生在技术上是可以实现的，或者至少有一些有说服力的证据表明它是可以实现的，那么我们在这方面还没有可以阻止它的机构。我们想不想拥有一个永生的选项？如果真存在该选项的话，那它将是一个全球性的、物种层面上的决策。

在此类问题上，我们该如何做出决定呢？我们的确拥有像联合国这样的可以为我们提供全球选择框架的机构。尽管联合国权力有限，但它的存在本身就是真正的进步。如果我们的决策能力随着决策群体不断增加的多样性而提升，那么很难想象还有哪家机构会比一个代表全世界所有国家的机构更富远见。当然，联合国是以一种非常间接的方式代表这些国家的公民的。它的决策很难说是“人民的意志”的直接表达。那么，有没有可能在全球层面开展类似于设计集思会的活动呢？这样一来，各利益相关方——并不仅仅是政客——就可以将他们自己的优先事项和风险容忍度置入整体决策的考量之中了。

我们发明了民主制度——尽管它披着各种各样的外衣——并让它帮我们决定社会中的法律应该是什么样子的。或许，现在该是我们将小组决策的部分经验应用到大规模群体决策领域的时候了。虽然这听起来不太可能，但实则不然。毕竟，随着互联网的兴起，我们的交流方式已经发生了多次重大改变：从电子邮件到博客，再到脸书（Facebook）的状态更新。我们为什么不利用这个机会，彻底改造我们的决策工具呢？

有证据表明，如果用于组织集体智慧（以及集体愚昧）的软件设计合理，那么由互联网人群设定的优先事项和提供的建议选项要比所谓的专家更加精准。在 2008 年总统就职典礼前的一个月，奥巴马政府在网络上建立了一个名为“公民议事簿”（Citizen’s Briefing Book）的平台，邀请美国民众就未来四年的优先事项建言献策——这是受当时正在兴起的“开放政府”（Open Government）运动启发而发起的一项小规模直接民主实验。公民可以通过该平台发起倡议，同时也可以投票支持其他倡议。最终，在最受欢迎的三个倡议中，有两个敦促奥巴马对严苛的毒品法进行彻底修订，并要求解除大麻禁令。当时，这一结果遭到媒体建制派的讥讽：这就是你向互联网狂热者敞开大门时发生的情况——你会得到一大群瘾君子的政策建议，而他们提出的这些建议根本不会得到主流社会的支持。然而，到奥巴马第二个任期结束时，这个议事平台被证明是直接民主思潮时代到来的第一束光。判决法被修订，大麻在六个州实现了合法化，而且现在大多数美国人都支持大麻完全合法化。

在一个极化的、民族主义盛行的时代，试图对某一问题实施全球监管，无论该问题对人类生存的威胁有多大，这听起来都颇为幼稚。技术的发展也有其自身的必然性，我们只能做到在短期内控制问题的发展。与阻止 METI 行动或永生研究相比，减少人类的碳足迹被证明是一个更容易的选择，因为它有一条日趋明晰的路径，即通过采用更先进的技术来最大限度地降低气候变化风险：我们无须退回到前工业时代，而是进入一个碳中和技术的世界，比如太阳能电池板和电动汽车等。在人类历史上，自愿放弃某种新的技术能力或选择不与另外一个社会发生接触的案例并不多，因为有些威胁可能在几代人之内都不会到来。但现在，或许是我们该学习如何做这类决定的时候了。

### 超级智能的潜在威胁

“夏延”等超级计算机——足够智能的、可绘制未来 100 年气候变化影响路径的计算机——的发展让我们获得了两种远见：在它们的帮助下，我们可以预测气候在未来的变化情况，并可在时下的能源使用和碳足迹问题上做出更好的决策；它们预测出了人工智能的长期发展趋势，而在未来的几个世纪里，这些趋势可能会对我们的生存产生威胁。面对摩尔定律（Moore’s law）的上升轨迹和机器学习的最新进展，很多科学家和技术专家认为我们必须要认真面对一个新的全球问题，即如何应对“超级智能”机器的潜在威胁。如果计算机达到了一定的智能水平，在诸如复杂刑事案审判等微妙决策上的表现超过了人类，那么几乎可以肯定的是，它们是由进化算法设计出来的。而在进化算法中，代码遵循的是达尔文自然选择的超加速版本。人们编写一些原始代码块，而系统则以极快的速度对随机变异进行试验，选取可提升机器智能水平的变体，并产生新的代码“物种”。在经过足够多的运行之后，机器将会走向智慧成熟，以至于任何人类程序员都无法弄清它们是如何变得如此聪明的。近年来，包括比尔·盖茨、埃隆·马斯克和斯蒂芬·霍金在内的越来越多的科学家和技术领域的领导者已经敲响警钟，表示超级人工智能可能会对人类的生存造成潜在威胁。

这些都表明，我们正面临一个决定：我们是否允许超级智能机器的存在？在这个问题上，我们所做决策的方式，很可能像那些决定填埋集水池的纽约居民或工业时代那些决定向大气中大规模排放碳的投资者一样。换句话说，我们会以一种完全无组织的、由下而上的方式做出决策，根本不做任何长期考虑。我们会不断追求更智能化的计算机，因为从短期来看，它们更擅长安排会议日程，更擅长建立健身计划，更擅长驾驶汽车。但这些选择不会反映超级智能机器给我们带来的潜在的长期威胁。

为什么这些机器如此危险呢？要理解这种威胁，你就需要摒弃人类在智力测度上的一些偏见。正如人工智能理论学家埃利泽·尤德科夫斯基（Eliezer Yudkowsky）所指出的，人类有“一种倾向认为‘乡下白痴’和‘爱因斯坦’处于智力量表的两个极端，而不是一般智力量表中两个近乎难以区分的点”。比如，在老鼠看来，乡下白痴和爱因斯坦都是高深莫测的聪明者。在人工智能研究的头几十年里，我们大多梦想着能打造出具有乡下白痴智力水平的机器，或者可达到最高水平即爱因斯坦智力水平的机器。但正如哲学家尼克·波斯特洛姆（Nick Bostrom）和尤德科夫斯基所言，我们没有理由认为爱因斯坦式的顶峰就是一个绝对的上限。“我们远不是最聪明的生物学物种，”波斯特洛姆写道，“应该将我们看作在有能力开创技术文明的生物学物种中最愚蠢的一种——我们之所以占有有利位置，是因为我们最先到达了这个位置，而绝不是因为我们最适应这个位置。”基于递归算法和自我学习算法，第一个真正意义上的人工智能的智力水平或许会超过“爱因斯坦顶峰”，达到远超我们想象的水平。

波斯特洛姆和霍金等人所感知到的危险，看上去与标准的科幻小说版本并不一样。第一，人工智能完全没有必要拥有意识［或者是第一部《终结者》（*Terminator*）影片中所说的“自我意识”］。一个超级人工智能或许会具备另外一种不同的意识，一种完全不同于我们的意识。但它也可能是一个庞大的无生命知觉的计算集合体，具备表达、行动和长期规划能力，但却缺乏自我感知。第二，人工智能未必会突然转向邪恶的、有报复心的或变得野心勃勃（或其他任何拟人化情绪），以至于要摧毁人类文明。比如，波斯特洛姆在其力作《超级智能》(*Superintelligence*)中基本没有把机器想象成邪恶霸主；相反，他担心的是在定义人工智能的目标或动机时，小的错误传达可能会导致全球大转变乃至宇宙大转变。设想一下，你正按照一个看似无害的目标进行人工智能编程，比如这个目标是边沁的“最大多数人的最大幸福”。你把它设定为最高价值，然后让机器决定达成该目标的最佳方法。人类幸福的最大化可以说是一个完美的、值得称许的目标，但人工智能很可能会导致这样一种场景出现——虽然从技术上讲已经达成目标，但它完全不是人类所能接受的：人工智能可能会在地球上每个人的大脑中置入纳米机器人，以此永久刺激人的快感中枢，将我们变成笑哈哈的僵尸。在被要求就一些环境危机提出最佳应对策略时，危险则是另外一种情景：人工智能会积极地违背我们的意愿，并通过黑客手段侵入国防部网络，然后引爆全部核武库，因为它已经进化出了一些固有的邪恶性或征服欲。这种威胁就在于，我们让它寻找解决某一环境危机的最优方案，照此指令，它决定消灭该危机的“罪魁祸首”——我们，而这种情况的出现，就是因为我们在设定目标时没有设置一个足够明确的框架。

关于超级人工智能的讨论，大多集中在所谓的“遏制问题”上。关于这个问题，在亚历克斯·加兰(Alex Garland)执导的影片《机械姬》(*Ex Machina*)中有精彩探讨：如何将人工智能收入瓶中，但同时又能利用它的威力？也就是说，人类能否设计出一个具有超高智慧但又完全受控的、安全的人工智能，它能避免因指令失控而导致全球灾难。在波斯特洛姆令人信服的陈述中，这个问题比它乍看上去难得多，主要原因就是我们总把自己想得太聪明了，这种假想的智力水平比自身的真实水平高几个数量级。遏制人工智能的想法就像老鼠图谋影响人类技术进步，从而阻止人类发明捕鼠器一样，徒劳无功。

从某种意义上讲，目前我们在超级智能议题上所处的位置同20世纪80年代末我们在全球变暖议题上所处的位置大致相当：一小部分科学家、研究人员和公共知识分子基于当前的趋势推算，预测未来会发生一场波及数代人的重大危机。波斯特洛姆的调查显示，大多数人工智能研究团体认为超越人类智力水平的人工智能至少要到50年后才可能出现。

在一场充斥着世界末日情景的辩论中，跨世代的时间跨度可能是最给人希望的一个因素。鉴于全球变暖产生的重大威胁，气候倡导者经常抱怨政治和企业改革进展缓慢。但我们应当提醒自己，在气候变化这个议题上，我们正尝试做出一系列可以说是人类历史上从未有过的决策：确定什么样的监管和技术干预措施可以阻止一种在未来几十年乃至更长时间里不会对大多数人产生重大影响的威胁。尽管“系统1”存在种种偏见和直觉飞跃，但人类智能的特征之一是“系统2”的长期决策能力，即为实现更长远的目标而做出短期牺牲的能力，或者说是“未人”的规划能力和前瞻性思维。我们在这方面虽然无论如何也称不上完美无瑕，但却超过地球上其他任何物种。不过，我们从未使用过这些决策技能去着力解决一个尚不存在的问题—— 一个我们基于当前趋势判断，会在遥远的未来出现的问题。

当然，我们已经做出过决策，也根据这些决策设计了很多新奇的工程，而且目标明确，就是要让它们持续存在若干个世纪：金字塔、王朝、纪念碑、民主制度。有些涉及基础设施的决策——比如荷兰的堤坝系统或日本旨在防御海啸的建筑规范等——预见的是未来一个世纪乃至更长时间内都可能不会发生的威胁。不过，这些威胁并不是从未有过的新威胁：这些文化之所以担心洪水和海啸，是因为当地的人们早先有过相关经历。有些决策，如民主治理，是在规范和惯例中引入弹性和灵活性，明显是为解决一些尚未被发现的问题。但就长期规划中的这些活动而言，它们大都只是为了维持当前的秩序，而不是为了做出抢占式的选择，以保护我们免受三代人之后可能爆发的威胁的影响。在某种程度上，与当前气候干预议题（以及越来越受关注的人工智能议题）最相近的类比是末世论：按照宗教传统，我们被鼓励依据预期的“审判日”（Judgment Day）做出当下的决定，而这个审判日可能在几十年乃至几千年后才会到来。

同气候变化一样，我们也在用超级智能做新的尝试。我们正积极思考我们在做的选择，以便在 50 年后能够取得更好的结果。但超级智能是一项更具野心的事业，因为我们预见的问题同今天的现实完全不同。气候变化迫使我们去想象一个气温比现在升高了几摄氏度的世界，去想象持续时间更长的干旱、更猛烈的风暴等。在谈论全球变暖时，我们说它正在“摧毁地球”，但这是一种夸张的说辞：即便我们没有采取任何应对气候变化的行动，这个星球也会很好地继续存在。就算是最坏的情况，地表温度升高 5 摄氏度，智人作为一个物种也能够生存下来——当然这会带来巨大的痛苦和高死亡率。而真正意义上的超级智能机器则极有可能给我们带来灭绝性的威胁，比如它们有能力制造可自我复制的纳米机器，而这些机器最终可能会毁灭所有碳基生命。但在我们当前的环境或我们的历史中，还没有出现过可与之相提并论的威胁。我们必须发挥想象力。

讲故事作为一个关键工具，一直被我们用来训练大脑，使其在做重大决策时做出更好的选择。有趣的是，作为讲故事的形式之一，科幻小说在部分大规模群体决策中扮演了与情景规划类似的角色。“整体来看，这种科幻叙事方式还是比较新的。”作家及未来学家凯文·凯利（Kevin Kelly）表示，“我们现在已经接受我们的孙子孙女辈的世界同我们的世界是显著不同的——以前我们并不这么认为。我认为这是科幻小说的功劳。解析、辩论、排演、质疑，并让我们为新的未来做好准备。至少一个世纪以来，科幻小说一直在预测未来……过去有很多新发明在出现之后被法律禁止了。但在这些新发明出现之前，我对它们一无所知。我认为这是一种文化的转变——科幻小说从过去的娱乐转变为现在的基础设施，它成了一种必要的预测方法。”科幻小说叙事在人工智能的隐患和陷阱问题上已经思考至少 100 年了——从 H. G. 威尔斯的“全球脑”到“哈尔 9000”（HAL 9000）超级计算机，再到《机械姬》，但在现实世界中，就这个问题开展对话和争论不过短短几年。这些小说让我们更清楚地看到了问题，这有助于我们审视这种技术的有限理性的局限。毋庸置疑，超级智能机器以我们难以想象的速度运行集成模拟，最终会超过人类智能。如果我们知道它们将毁灭人类生活，但却成功地避免了这种情况的发生，那么部分功劳将归于科幻小说——正是它们那种慢得多的情景模拟，让我们更清楚地看到了这种威胁的存在。

现代社会的变革步伐越来越快。当前关于人工智能及其潜在威胁的辩论，有点儿像19世纪初的一群发明者和科学家坐在一起说："工业革命必然会提升我们的生产率，从长期来看，也必然会提升我们的生活水平。但同时，我们也会向大气中排放大量的碳，而在几个世纪之后，这些碳可能会成为我们面临的难题。所以，我们必须考虑如何避免这一问题的发生。"但这种对话并没有发生，因为我们没有可测量大气中碳含量的工具，没有可帮助我们预测碳将如何影响全球气温的计算机模拟图，没有应对其他工业污染物的历史经验，没有负责监控气候和生态系统变化的政府机构和学术机构，也没有设想新技术在某种程度上会改变全球天气模式的科幻小说。我们足够聪明，比如有能力发明燃煤发动机，但同时又不够聪明，比如未能预测它们对环境的最终影响。

关于人工智能的辩论表明，我们在做富有远见的决策方面已经取得了长足进展。所有那些帮助我们识别气候变化威胁或帮助我们设想人工智能大灾变的工具、传感器和叙述，共同组成了一种新的超级智能。

“我们像神一样，”斯图尔特·布兰德在半个世纪前写下了这句广为人知的话，“我们也可能会扮演好这一角色。”在过去近 300 年的碳基工业时期，我们确实在这个星球上培养和发展出了神一般的能力。但我们是否扮演好了这一角色呢？或许还没有。不过，我们有很强的快速学习能力。在全球问题上，我们所做决策的时间跨度远超我们的直系祖先的想象。诸如巴黎气候协定这样的全球性长期决策仍会面临挑战，这个事实是无法避免的：作为一个个体，对未来 50 年做规划已经很难了，而作为一个社会，这种规则就难上加难了。但仅仅是这些争论的存在，比如人工智能、气候变化和 METI 等议题，就已表明我们正开始探求新的远见。单就人工智能而言，关于未来威胁的所有预测可能最终都会被证明是错误的，而究其原因，要么是真正意义上的人工智能极难实现，要么是我们发明了新的技术，可以在超级智能机器超越“爱因斯坦顶峰”之前将危险降到最低限度。但如果人工超级智能最终对人类的生存构成了威胁，那么我们的最佳防御策略或许就是运用人类超级智能所掌握的新能力：绘图，预测，模拟，从长计议。

### 德雷克公式：跨学科决策框架

除了较长的时间跨度，超级智能、气候变化和 METI 等议题还拥有另外一个共同属性，那就是与之相关的决策都涉及广泛的知识学科，若非进行跨学科的磋商，则很难对相关决策做出合理评估。比如，气候学作为一个混合体本身就涵盖众多领域：分子化学、大气学、流体动力学、热动力学、水文学、计算机科学和生态学等。对气候变化问题的界定不仅需要“夏延”的数字模拟，同时也需要各学科之间真正意义上的通力协作。应对气候变化的问题同样涉及众多领域：政治学、经济学、工业史和行为心理学等。超级智能的问题不仅涉及人工智能、进化和软件设计等专业知识，同时也深受哲学探究和科幻小说设想的未来的启发和影响。当然，任何全谱决策都需要一定程度的知识多样性，而正如我们在下一章中将看到的，即便是最私人的选择，也需要利用多方面的经验，以确定最优路径。大规模群体决策，也就是那些事关我们这个物种生死存亡的决策，更需要做广泛的分析和论证。

在向太空发射著名的“阿雷西博信息”——理论上，我们要到10万年后才能收到回复信息——的十多年前，弗兰克·德雷克提出了现代科学史上最伟大的公式之一，从而为是否寻求与其他星球上的生命形式进行接触提供了一个决策框架。德雷克的问题是：如果我们开始扫描宇宙中智慧生命的信号，我们有多大可能真正探测到一些东西？德雷克公式并没有提供明确答案，它更多的是试图建立一张包含所有变量的全谱地图。若用数学形式来表达，德雷克公式是这样的：

$$N = R_* \times f_p \times n_e \times f_l \times f_i \times f_c \times L$$

N 代表的是银河系中现存的、可通信的文明的数量。第一个变量 R* 对应的是银河系中恒星形成的速率，它可以有效算出可支持生命的潜在的太阳的总数量。其他剩余变量类似于过滤器的嵌套序列：就银河系中的恒星而言，有多少恒星拥有行星，以及有多少行星拥有可支持生命存在的环境。在这些潜在的宜居行星上，真正发展出生命的概率是多少；在这些生命中，最终进化成智慧生命的有多少；在这些智慧生命中，最终发展成为可向太空发射可探测信号的文明的比例是多少。在该公式的最后，德雷克加入了一个关键变量 L，它代表的是这些可发射探测信号的文明的平均存在时间，即这些文明的平均预期寿命。

我从未见过哪个公式以如此优雅的方式将如此多的知识学科放入同一个框架。自公式左边开始向右看，从天体物理学到生命与生物化学，再到进化论，再到认知科学，并一直延伸到技术发展理论。在德雷克公式中，你所猜测的每一个值最终都会体现你的整个世界观。或许你认为生命是罕见的，但当它真的出现的时候，智慧生命通常就会产生；或许你认为微生物在整个宇宙中无处不在，但更复杂的有机体几乎从未形成。众所周知，这个公式很容易产生截然不同的结果，这取决于你为每个变量赋予的值。

在德雷克公式中，最变幻无常的值是最后一个变量：L，即可发射探测信号的文明的平均寿命。你无须成为一个盲目乐观者就可以赋予它一个相对较大的值。你只需相信，文明有可能从根本上实现自我维系与发展的能力，可以存在数百万年。在太空中，即便只有千分之一的高级智慧生命发展出了百万年的文明，这个 L 值的意义也会大增。但如果你赋予的 L 值很小，那这就存在一个进一步的问题了：是什么使得这个值很小？银河系里的技术文明是否像萤火虫一样忽闪忽灭？它们是否耗尽了资源，或者自爆了？

自德雷克于 1961 年首次提出这一公式以来，已有两个重大发展重新塑造了我们对该问题的理解。第一，公式中前三个值的乘积（代表了我们对拥有宜居行星的恒星数量的最佳猜测）增加了多个数量级；第二，我们监听外星信号已经有几十年了，但一无所获。如果宜居行星的值越来越大，但在我们的扫描中却没有任何与智慧生命有关的迹象，那么问题就变成了：在其他变量中，哪些是滤除变量？或许生命本身就极为罕见，即便在宜居行星上也是如此。作为生活在第三个千年之初的人类，从我们的角度看，也就是从技术能力和生存危险的方面考虑，我们自然是希望外星智慧生命出现的概率越小越好。但如果事实恰恰相反，银河系中的智慧生命非常多，那么 L 值可能很小，它们的预期寿命或许只有几百年而不是上千年。若是如此，采用一种技术上先进的生活方式则可能意味着灭绝的开始。你先发明了无线电，然后发明了足以毁灭你所在星球上所有生命的技术，而之后不久，你按下按钮，毁灭了这个文明。

或许，这就是任何达到“未人”远见卓识的物种的讽刺命运。或许，每当某颗类地行星上进化出一个足够聪明的、足有能力想象未来并可把这种未来转变为现实的物种时，这种认知飞跃就会触发技术升级的连锁反应，而这种连锁反应最终又剥夺了该物种的未来，致其灭绝。对 SETI 探测活动的早期沉默表明，这种可能性至少是存在的。但或许这种升级并不是一种注定以毁灭告终的军备竞赛。或许 L 值很大，宇宙中充满了智慧生命——这些智慧生命并没有在工业化时代被毁灭。或许，我们的社会可以开创更好的决策方式，让我们在发明新的自我毁灭方式之前做出更富有远见的选择。当然，对我们来说，最重要的是尝试。如果超级智能机器有助于人类文明的发展，但同时又不会意外触发波斯特洛姆和霍金等人所担心的大规模灭绝的按钮，就是因为那些机器已经学会了如何依照各种变量和后果的综合评估做出决策，也是因为它们通过集成模拟梳理出了所有未曾预料的后果并发现了新的选项。或许，通过某种自我学习算法，这些机器会演化出那种独有的远见。但如果那时我们已经足够聪明了，让它们先行一步岂不是更好？

# 第五章　个人抉择时刻

她的世界在动荡转变。现在只有一点她是明确的，那就是她必须等待，重新思考一切。

——乔治·艾略特，《米德尔马契》

我准备坐下哭一会儿。书本和生活给我们呈现了太多的可思考的对象，但即便只是它们中的一小部分，我也无法理解甚或一无所知。那么，我还有时间花在不存在的事物上吗?

——摘自玛丽·安·埃文斯（Mary Ann Evans）16 岁时写的日记

1851 年 1 月的某一天，达尔文拿出他记录水疗法的笔记本，翻开新的一页，潦草地写下一个标题："安妮。"多年来，达尔文一直是家中最受疾病困扰的人，现在他发现自己的角色正从病人转向医生，这次他照顾的是心爱的女儿——10 岁的安妮。1849 年，安妮和她的妹妹患上了猩红热。后来，她的两个妹妹完全康复了，但她的病情几个月下来一直未见好转。1850 年年底，安妮开始发高烧，并出现呕吐现象。（“我严重怀疑她遗传了我消化不良的毛病。”达尔文在日记中写道。）在请教了莫尔文的格利医生之后，达尔文夫妇开始在家中用水疗法给女儿治病。达尔文在日记中记下了治疗结果。

1851 年 3 月，安妮的健康状况严重恶化，进行更激进的干预治疗已迫在眉睫。于是，达尔文夫妇做出了一个关乎命运的重大决定，把女儿送去莫尔文，由格利医生亲自治疗。达尔文在莫尔文陪同女儿，并定期给妻子艾玛写信，当然都是加急件。那时艾玛已经怀孕 9 个月。格利医生的治疗方法要么无用（在安妮胃部定期敷芥末膏），要么带有剧毒（给安妮服用一种包含樟脑和氨水的“药物”，而氨水是剧毒物），总之不见任何起色。更令人不安的是，她出现了类似伤寒的症状，这表明莫尔文诊所的水疗法可能也没有格利宣称的那么神奇。4 月 23 日，安妮去世。在她的死亡证明上，格利写下了一个含糊其词的原因：“带有伤寒性质的胆热。”

安妮的死对达尔文来说是一个巨大的打击。“今天 12 点，她非常平静、甜蜜地睡去了，永远地进入了梦乡。”他在莫尔文给艾玛写信说，“我们可怜的爱女一生短暂，但我相信她会快乐的。我从没见过这个可爱的孩子淘气过。上帝保佑她。我亲爱的妻子，我们一定要好好地相爱。”再后来，他在日记中写道：“我们失去了家中的欢乐，失去了老年的慰藉。哦，但愿她现在知道我们是多么爱她，多么疼她。我们会一直爱着她、疼着她，会一直想念她那张可爱的笑脸。”

安妮的死让达尔文从宗教怀疑论者转变为坚定的无神论者。“艾玛信奉的《圣经》教义是他无法接受的。”达尔文的传记作者詹妮特·布朗（Janet Browne）写道，“即便是怀着对安妮来生的强烈愿望，他也无法接受。”他不再参加正式的教会活动。不过，他会在星期天上午陪伴艾玛和孩子到当地的小教堂做礼拜，但他不进教堂，而是在附近街区等她们。

安妮的死强化了达尔文的无神信念，但同时也给他增添了一种新的破坏性并发症，让他在一个苦苦思索了十余年的决定上再次动摇：要不要出版他激进的进化论。一直以来，自然选择这一理念就像一种多变的力量，左右着达尔文的选择。从一开始，他就被夹在两种欲念之中，备受折磨：或在屋顶引吭高歌，将进化论公之于众；或默不作声，把进化论锁进抽屉。但安妮的死把他推向了更多的方向，而且是以更大的力量推动的。达尔文花了十余年考察他的理论参数，记下了他所能想到的所有反对理由，又将它们一一驳倒。达尔文一度确信，这将是百年来最重要的思想之一，甚至把时间拉长到千年也是如此。他渴望分享这一理论，不仅因为它是真实的，还因为这是一项会让他获得社会认可的成就。也就是说，这背后有两种驱动力：一是理解这个世界的超凡力量，二是寻求认可的常人欲念。

但同时，他也受到了家庭的影响，具体来说就是对艾玛和孩子的依恋，对安妮的怀念自然也包括在内。在工作“被认可”的整个理念中，这可以说是一把双刃剑。他将会成为那个达尔文——一个有危险思想的人。可以预见，届时他会受到教会的正式谴责。在安妮死后，达尔文和艾玛之间一直都存在着的宗教信仰分歧越来越大也越来越难以调和的矛盾。对痛失爱女的艾玛来说，信仰救世主和信仰来世已经成为精神支柱；对达尔文来说，向世界公布自己的“异端思想”，等于把艾玛逼上绝境。他或许已经做好了接受社会公开谴责的准备，但要挑战正沉浸在悲伤中的妻子的信仰，他还无法承受由此产生的内疚感。

这是一个难以想象的、涵盖范围极其宽泛的决定：从与配偶最亲密情感的得与失开始，一直延伸到社会宗教信仰的结构性转变。仅仅是绘制影响路径就需要一张巨大的画布。自然选择恰恰是那种极少见的、影响又极其深远的思想之一。后来，达尔文进一步论证了人和猿有着共同的祖先。在维多利亚时代，共出现过三个与上帝做切割的重大学说，而只有达尔文的学说讲求的是证据，也是最具实证性的。连同马克思的政治学说和尼采的哲学学说，这三大学说使得无神论成为主流民意的一部分。

公允地讲，我们大多数人毕生都不会面对一个如此复杂的决定。事实上，达尔文在这个问题上也没有真正做出过决定。在这一点上，我想我们是可以原谅他的。他选择了搁置，而直到阿尔弗雷德·拉塞尔·华莱士（Alfred Russel Wallace）威胁说要出版他自己的独立调查时，达尔文才行动起来。华莱士的这种威胁可以称得上最文明的威胁了，因为他要公开出版的正是达尔文 20 年来私下里一直思考的那些原则。在这个时间点之前，对达尔文来说，做这样一个决定并不难，因为那些预言是模糊的。他唯一能确定的就是进化论会改变一切。但他迟迟没有做出决定，从根本上讲，那是因为内心深处那些至关重要的价值观无法调和。如果公开发表他的理论，那必然会挑战基督教的教义，同时也等于向世界宣示，妻子所寻求的慰藉只是一个虚无的神话。

或许在潜意识里，他也想过另外一个选项：暂时分散注意力，比如先去研究甲壳动物和鸽子或修订初稿等，静待时机，希望到时有人推他一把。到达尔文的《物种起源》（*On the Origin of Species*）最终出版时，艾玛早已接受了丈夫不信教的事实，而他也可以心安理得地将他的理论公之于众了。

在达尔文的决定上，非常引人注目但同时也比较有悲剧性的一点是，它既涉及极为私密的个人生活，又涉及极为公开的社会影响。下游泛起的涟漪不仅影响了他妻子的爱与信仰，也影响了我们对人类在宇宙中位置的集体理解。尽管这个决定涉及方方面面，但它并不是一个可以通过集思会、民主投票或陪审团就可以解决的问题。在很大程度上，这个决定必须由达尔文自己做出，同时也需要他的妻子和好友的帮助。虽然很少有人会遇到这种影响极为广泛的决定，但有一点毋庸置疑，那就是在做重要的个人决定时，我们首先要进行审慎思考和全面分析。这些决定的“半衰期”可能只有几年或几十年，而不是像达尔文的选择或填埋集水池的选择那样持续几个世纪，但是，它们同我们在前面几章中探讨的很多决定一样，都面临着根本的共同挑战：

当面对一个包含多变量的、受各种“螺纹状压力”影响的复杂局势时，我们该如何绘制它的未来路径。

## 向西出发吧，中年人

这本书本身可以追溯到我个人生活中的一个决定——这个决定是我于 7 年前做出的，而在撰写本书时，它的后续影响依然存在。那是 2011 年冬，布鲁克林的人行道上仍堆着 2010 年 12 月底到 2011 年 2 月未融化的雪。我爬上了一个 3 英尺高的雪堆，突然间，一个念头闪入脑海：现在该是去加利福尼亚的时候了。回望过去，我在纽约生活了半生：在晨边高地读了研究生；和妻子搬到西村，并有了我们的第一个孩子；之后，同生活在纽约的很多朋友一样，我和妻子搬到了布鲁克林，那时妻子已经怀孕，我们的第二个孩子即将降生。对我来说，那是令人振奋的 20 年，但随着年龄的增长，每年 2 月，我脑中都会冒出搬往加利福尼亚的念头，就像天冷一样可以预测，而在春天到来之后，这个念头又随之打消。但最终，我下定了决心。

在向妻子提出这个想法之前，我已经花费了大量时间就此进行论证。我告诉自己，我们的孩子刚好处于可以冒险的年龄：足够年长，但还没有年长到因为留恋玩伴而拒绝搬家的年纪。如果不抓住这个机会，即便只过几年，似乎也是严重浪费。虽然我依然喜欢纽约，特别是布鲁克林，但我同样喜欢加利福尼亚，特别是湾区——壮观的自然美景，以及作为文化变革和新思想的推动地的悠久历史。

在搬家这件事上，我还有哲学论据：我已经认识到，无论你搬到哪里，这种变化从本质上讲都是好的。几年前搬到西部的一位老朋友告诉我，搬家的一大好处就是新的环境有助于你更好地了解自己及家人：你会看到老家里有哪些东西是你真正喜欢的，又有哪些东西是你不喜欢但此前却没有意识到的。就像科学实验中的对照研究，这种对比会让你发现真正重要的东西。改变幕后布景有助于你更好地看清未来。

然后是时间上的变化。我的另一位老朋友——我们在纽约一起待了 20 年，看着彼此的孩子迅速成长——就我搬到西部去的决定给我写了一封邮件。“这种改变会让时间慢下来。”他写道。当你过一种按部就班的生活时，时间会过得很快——我们的小儿子怎么一下子就 4 岁了呢？但搬家的所有复杂性——确定搬往何处，如何到达该地并安顿下来，然后了解新环境中的全部现实状况——意味着你不以为意的时间会突然闯入你的意识，意味着你要牢记你所在的地方。你要弄清这一切，而在此过程中，你会更敏锐地感受到已流逝的岁月。你会迷失方向，或者你至少需要思考一会儿，才能重新找到正确的方向。

这就是我们必须搬家的原因，我在内心深处劝说自己：对我们的孩子的积极影响、自然景色、气候、湾区的技术地位，以及在过去 20 年里未曾见很多面的很多朋友。当然，最重要的是，搬家有助于让时间慢下来，让我们放慢步伐。

坦率地讲，在搬家这件事上，我认为我已经打下了相当坚实的基础，甚至可以说那是带有诗意的基础。除了搬家产生的简单的人口学问题——加利福尼亚州的总人口数增加 5 人，纽约州相应地减少 5 人——这根本不是一个公共决策。但即便如此，我还是列出了一张支持搬家的理由清单，并就此做了全面分析。成本效益分析是多层次、多尺度的分析，当然我看的主要是效益。在某种意义上，搬去加利福尼亚是一个经济决定，这涉及的是住在市区还是郊区的生活成本问题，但同时，它也提出了一些心理问题，即大自然的存在对你以及你的孩子的生活的重要性问题等。就我而言，这也是一个关于我想要的生活的决定：我要在一个地方度过大部分的成年生活，还是在不同的地方度过有意义的生活？当然，这里还有其他更多需要考虑的量化因素：学校、天气，以及出售布鲁克林住房的实际情况等。

达尔文列过一张私人的正反理由清单。而我就比较尴尬了，在 2 月的一个下雪天，我让妻子坐到我的电脑前，对着幻灯片向她一一解释搬家的理由。后来，我转向写信，我写了三四页，用了单倍行距，梳理了我当时的逻辑思考。

我认为我绘制的地图已经很全面了，但妻子对我最初论据的反应让我意识到，我只是刚开始清查思路而已。妻子为地图增加的考虑元素更具社交性，也更具政治性：我们在布鲁克林街区有很多已经认识了 20 年乃至更长时间的朋友，与这些人失去日常联系的成本有多高；放弃一个关系密切的、步行即可抵达的老朋友圈子，同时放弃一个养育子女的“村庄”，成本又有多高；从出行以步行为主的布鲁克林搬到以汽车为中心的加利福尼亚郊区，这将意味着什么。

在搬家这件事上，我们反复思考了几个月，并最终找到了先前未曾发现的一条路径，也就是在我早先提议的“搬或不搬”之外的一个选项：我们决定搬到加利福尼亚暂住两年，但同时一致同意，在两年之后，如果妻子想回布鲁克林，那么我们就无条件地搬回来。这在当时看是一个不错的主意，而 7 年之后，当我们再回望这个决定时，我想我和妻子还是会认同这一点。但说实话，这次搬家是我们婚姻中最痛苦的一次经历。我们去的是一个完全陌生的地方，我妻子在那里几乎不认识任何人，她觉得就这样远离东部的朋友们是一个悲剧。在搬到加利福尼亚之后的最初几个月里，为推广一本新书，我不得不奔走各地，而每次登上飞机，看到美轮美奂的湾区，我都觉得这是新生的开始。起初，我和妻子之间的分歧是巨大的。她是痛苦的，而我觉得自己解放了。

随着时间的过去，分歧在一步步缩小。她开始欣赏湾区的魅力，而我则开始怀念纽约的朋友以及在一座布满人行道的城市的步行乐趣。最终，我们达成了另外一个共识，而这也是我最初提议搬家时没有想到的：我们将尝试在两个海岸区开创我们的生活——一半时间在布鲁克林，一半时间在加利福尼亚。我经常回望这个决定：如果我们自一开始就以一种更好的方式来协调彼此不同的价值观，那么我们会不会达成这个意见呢？当然，把我们此前探讨的一些特定方法用于个人决定，看起来可能有些滑稽。比如，召开跨学科的集思会或设计一款模拟从布鲁克林搬家到加利福尼亚的战争游戏。这对个人选择来说可能毫无助益，但总的原则和技巧——寻求多种视角、挑战假定，以及专门拿出时间来绘制地图并分析各种变量等——无疑有助于你做出更明智的决定，也有助于你在本杰明·富兰克林的正反理由清单的基础上再进一步。

不过，涉及这类个人选择的科学必然是模糊的。我们之所以了解协商性的群体决策，是因为我们以对照试验的方式对它们进行了多重模拟，比如通过模拟陪审团、战争游戏和虚拟犯罪调查等方式。但在实验室里，对私人决定进行模拟则困难得多——无论这个决定的内容是搬往加利福尼亚、结婚，还是其他生活大事。对于这类决定，我们可以通过另外一种模拟加以学习。

### 重读《米德尔马契》

大概在我最开始考虑搬往加利福尼亚时，我又重新读小说了。那时，我刚过 40 岁。我的研究生专业是英语文学，所以在二十几岁时的大多数时间里，我都在苦苦钻研艾略特、狄更斯、巴尔扎克和左拉笔下错综复杂的叙事。说实话，这种钻研有时可以说是一种奴役。但从 24 岁时起，我对科学史产生了浓厚的兴趣，因为起步晚，所以我用了大约 10 年来弥补短板，其间读的大都是非小说作品。但到 40 岁之后，一切都发生了改变：我发现我需要小说的陪伴。那时的我开始看到生命更长的轨迹，而这也使得这种叙事对我来说愈加重要。我回过头来最先读的小说之一，是二十几岁时给我留下印象最深刻的一部：《米德尔马契》。

对于《米德尔马契》，不同的读者有不同的理解，但当我在40岁出头重读该书时——当时我正在考虑人生中的一个重大决定——我清楚地发现，这部小说对大脑的决策力做了非常生动和细致入微的描述，而这是我在二十几岁时未能体会到的。我当时没有找到合适的比喻，但最能引起我共鸣的是艾略特的全谱绘图能力：一个复杂的决策会激发众多不同尺度的体验，即便这个决策涉及的基本是个人私事。把内心独白的表达强度想象成频谱的高频部分；把朋友、大家族成员和小镇爱说闲话的人的多边关系想象成频谱的中频部分；把缓慢的、有时肉眼看不见的技术或道德的演变过程想象成频谱中的低频部分。有些小说是窄带的，它们专注于内心独白或公共领域；而另外一些小说则是全谱的，它们展示了情感强度中的那些私人时刻是如何与更广泛的政治背景联系在一起的，而且这种联系是必然的，比如波及整个社会的技术变革是如何影响一桩婚姻的，以及小镇里的闲言碎语是如何影响一个人的财务状况的。如同《米德尔马契》一样，这种全谱分析不仅可以创造扣人心弦的艺术，也可以达成更明确的指导目的，因为我们在生活中遇到的复杂决定，从根本上讲，所涉及的都是全谱事务。

我们已经看到过《米德尔马契》中的一些场景描述，比如在教区牧师人选的决定上，各种“螺纹状压力”让利德盖特备感挫折。但在《米德尔马契》中，居于中心地位的决定属于它的女主角多萝西娅·布鲁克（Dorothea Brooke）。为展示艾略特描述的这个决定的微妙之处及其深远影响，我们有必要对多萝西娅的选择做一个全景呈现。当然，你也可以用其他任何文学作品中的决定——有的是带有英雄主义的，有的是带有悲剧色彩的——来替代该决定。比如，在巴尔扎克的《幻灭》（*Lost Illusions*）中，吕西安·沙尔东（Lucien Chardon）做出的那个关乎命运的重大决定：在三张本票上伪造他妹夫的签名。再比如，在乔纳森·弗兰岑（Jonathan Franzen）的《纠正》（*The Corrections*）中，兰伯特一家在如何对待日渐衰老的大家长的问题上苦恼不已。此外，其他叙事形式也清楚地阐释了这种全谱决策。比如，在影片《教父2》中，迈克尔·柯里昂（Michael Corleone）谋杀他哥哥的决定。再比如，在电视剧《绝命毒师》（*Breaking Bad*）最后一季中，沃尔特·怀特（Walter White）的孤注一掷。这些叙事都有着起伏曲折的情节，展现了鲜活生动的人物形象，但对我们来说，最有意义的还是它们极其精确地描绘了塑造某一决定的多维度力量。在某种意义上，把自己沉浸在这些故事中，也是我们生活中所必需的一种绘图训练。

在《米德尔马契》最开始的几章中，多萝西娅犯了一个令人难以置信的错误：她嫁给了不苟言笑的、年长的老学究爱德华·卡苏朋（Edward Casaubon）。多萝西娅嫁给卡苏朋，并不是因为后者的浪漫激情，而是因为一个宏大的智力协同计划——她想帮助他找到“所有神话的钥匙”。（多萝西娅这种充满朝气的热诚似乎也是年轻时的艾略特的性情写照。）卡苏朋是文学作品中被塑造的一个伟大的失败者的形象：如同他在婚姻关系中表现出的冷漠和苛刻一样，他作为学者的职业工作亦令多萝西娅失望不已。很快，她就认识到他的宏伟计划只是一座无尽的迷宫，一座用幻想编织的、没有任何现实意义的迷宫。其实，在罗马度蜜月时，她的新婚生活就已经开始走下坡路了。在此期间，她遇到了威尔·拉迪斯拉夫（Will Ladislaw），后者是卡苏朋的远房表侄，也是一个年轻的政治改革者，而由于他母亲与一名波兰音乐家的不光彩的婚姻，其个人财务状况欠佳。拉迪斯拉夫和多萝西娅建立了柏拉图式的友情，而且他们越走越近。拉迪斯拉夫身上散发出来的活力以及他的政治抱负与多萝西娅婚后面对的“知识分子陵墓”形成了鲜明的对比，因而她也就不愿意再回到卡苏朋在米德尔马契的洛伊克庄园。在觉察到两人萌生了爱情的种子之后，而事实也确实如此，居心叵测的卡苏朋在遗嘱中增加了一项秘密条款：如果多萝西娅在他死后嫁给威尔·拉迪斯拉夫，则取消她的财产继承权。

在《米德尔马契》第五卷，也就是令人难忘的“死亡之手”（The Dead Hand）中，卡苏朋死于心脏病发作，而直到这时，多萝西娅才得知她过世的丈夫在遗嘱中添加的那项条款。艾略特向我们描述了多萝西娅在得知这一消息后的意识转变。

她也许会把她当时的经历比作一种模糊的觉醒意识——她的生命正以一种新的形式呈现，她正在经历一种蜕变，而在这种蜕变中，回忆与刚刚诞生的新器官还格格不入，不能配合。一切都在变：她丈夫的品行，她自己对丈夫的忠诚，她和丈夫之间的一切争执，以及她跟威尔·拉迪斯拉夫之间的全部关系。她的世界在动荡转变。现在只有一点她是明确的，那就是她必须等待，重新思考一切。有一种变化把她吓坏了，仿佛那是一种罪过：她对去世的丈夫产生了强烈的厌恶情绪，他心里有一本账，也许歪曲了她所说的和所做的一切。接着她又意识到了另外一种变化，那同样令她不寒而栗：在内心深处，她突然对威尔·拉迪斯拉夫产生了莫名的思念情绪。

从字里行间，我们感觉到了一个人在面对世事变幻时所产生的迷茫，而这种变幻反过来又昭示着未来的种种可能性。“在这种蜕变中，回忆与刚刚诞生的新器官还格格不入，不能配合”，而正是这种转变，为多萝西娅接下来的决定设置了舞台。这个决定对小说后面的部分产生了重要影响：是遵从“死亡之手”的指示，还是牺牲她的财产继承权并证实她去世丈夫最卑劣的猜忌心，嫁给威尔·拉迪斯拉夫？

在简·奥斯汀（Jane Austen）等小说家的笔下，这些变数足以推动叙事的进一步发展：她是遵循内心的召唤，与拉迪斯拉夫私奔，还是做一个财务上的明智选择，保留对洛伊克庄园的所有权？在这些条件框架下，多萝西娅面临的自然是一个双频选择，即在情感和经济之间做出选择。但艾略特并没有这样写；相反，她把多萝西娅的这一选择变成了一个全谱事件——不同社会体验所产生的各种“螺纹状压力”影响的全谱事件。

在奥斯汀笔下，女主角大都保持着高度的精神独立性和思想独立性，但她们没有职业雄心，而多萝西娅则不同，她有一个实实在在的正规事业：按照进步议程，负责洛伊克庄园的开发工作，建造我们现在所称的低收入住房。“我有很好的计划。”她对妹妹说，“我想多拿一些土地，然后把水排干，建立一个小的聚居区，而在这个聚居区，人人都应该工作，所有工作都应该做好。我要认识他们中的每一个人，并跟他们做朋友。”[1] 多萝西娅在洛伊克庄园上的勃勃雄心源于新时代的思想潮流。在 19 世纪 20 年代和 30 年代，这股思想潮流拓宽了人们的政治视野，具体来说就是威尔士人、空想社会主义者罗伯特·欧文（Robert Owen）的合作社运动。当奥斯汀笔下的人物在世纪之交谈及他们对庄园的“改进”时，几乎无一例外是采取现代农业技术，提高土地的经济效益。一代人之后，多萝西娅把心思放到了佃农生活水平的改善上。

多萝西娅雇了当地的地产管家凯莱布·高思（Caleb Garth）协助她实施洛伊克庄园的计划。在该书中，高思可能是最善良的一个人物，早先他试图成为我们现在所称的房地产开发商，建造和租赁自己的房产，但以失败告终。如今，他正从这种失败中走出来。在第一次出场时，他还是一个生活困顿的土地测量员，受到小镇上一些原本与他家境相当的富人家庭的嘲讽。对高思来说，此时担任洛伊克庄园的管家是一个重大机会，一个有望为自己的生活重新打下良好财务基础的机会。不过，就多萝西娅雇请高思而言，除了合作社运动的思潮，还有其他历史根源。而在这10年里出现的最引人注目的技术发展，则将两人紧密地联系在了一起。

> 由于彼此之间存在这种良好的理解，多萝西娅也就很自然地要求高思先生承担起洛伊克庄园的所有业务，包括它的三个农场和许多房产。的确，他想担起两个人的工作，这个愿望很快就实现了。正如他所说的，“业务是会繁衍的”。而在当时，有一种业务正开始繁衍，那就是铁路建设。一条规划好的线路要穿过洛伊克教区，那里原是牛羊的天地，它们在那里安静地吃草，不受外界干扰。如今，新生的铁路网络进入了凯莱布·高思的世界，并通过他以及他心爱的两个人，展现了这段历史的进程。[2]

此外，这个改革时代也通过多萝西娅对威尔·拉迪斯拉夫的吸引力而进入前者的决策世界。多萝西娅的叔叔布鲁克先生买下了当地的一家报馆，将其作为混乱时代改革主义理想的传播工具，而拉迪斯拉夫就在该报从事编辑工作。这时的多萝西娅已经开始发现自己在进步主义政治上的才华和热情，她与拉迪斯拉夫结成学界盟友，并发展成为情人关系。如果她嫁给拉迪斯拉夫，则相当于在潜在的背叛之上再加一层码，因为卡苏朋信奉的是保守主义政治。这向我们展示了另外一个难以抉择的原因：即便多萝西娅将她的政治观置于其他所有冲突之上，这个决定也极具挑战性。如果与拉迪斯拉夫私奔，她确实可以支持他的政治雄心，但由此也就放弃了她自己在洛伊克庄园上的改革计划和发展抱负。哪条路径会给这个世界带来更多的、她所期望的社会变革呢？计算这两种情景的“资产负债表”并不容易。

综观《米德尔马契》，在所有高尚改革与经济斗争的背后，在产生激情或友情的时刻背后，总伴随着小镇上的各种闲言碎语，而这些闲言碎语也以一种微妙的方式影响着主要人物的决定。比如在投票选举新教区牧师的问题上，利德盖特就担心被人认为他过于巴结布尔斯特罗德。尽管保持着一种柏拉图式的关系，但如果多萝西娅嫁给拉迪斯拉夫，那也就等于向米德尔马契社区的居民表明，卡苏朋的怀疑自始至终都是对的。

从根本上讲，多萝西娅的选择是一个简单的二选一问题：她应不应该嫁给拉迪斯拉夫？但艾略特让我们看到了围绕该决定而结成的一张密密麻麻的网——影响与结果之网。如果就该小说绘制一张全谱地图，它应该是这样的：

心
（对拉迪斯拉夫的情感吸引力和性吸引力；思想独立性）

↓

家庭
（可能生养子女；对父亲和妹妹的影响）

↓

事业
（“改进”洛伊克庄园）

↓

社区
（闲言碎语；对洛伊克庄园里的穷人的影响）

↓

经济
（放弃卡苏朋的遗产）

↓

技术
（铁路；新农业技术）

↓

历史
（改革运动；拉迪斯拉夫的政治生涯）

在《米德尔马契》中，上述所列每一种因素都在故事中发挥着决定性作用。小说中交织着伟大的爱情故事，比如弗雷德·文西（Fred Vincy）和玛丽·高思（Mary Garth），多萝西娅和威尔·拉迪斯拉夫等，但这些浪漫关系只是故事的一部分。这些情感关系连同推动利德盖特研究工作的科技革命、铁路时代的到来，以及1832年史诗般的政治改革同台上演。如果将《米德尔马契》同简·奥斯汀或勃朗特姐妹（The Brontës）的早期经典作品相比，差别可以说是非常明显。比如，在《傲慢与偏见》（*Pride and Prejudice*）或《简·爱》（*Jane Eyre*）中，情感和家庭方面的叙事都非常充分。尽管没有艾略特笔下那种长篇幅的铺张渲染，我们还是可以一窥主人公丰富的内心世界。（书中人物也会做各种决定，但作者不像《米德尔马契》那样，动辄就用10页纸来描写他们的内心活动。）但在这些决定中，发挥作用的力量仅局限于上述所列图例中的顶层部分：两个相爱的人之间的情感关系，以及他们的直系亲属和少数邻居同意与否。从现代评论的角度来看，我们可以发现更强大的历史力量，正是这些力量构成了叙事中的事件框架（比如奥斯汀时代工业化农业的"改进"，比如《简·爱》中英国殖民主义的真实创伤），但无论是在所塑造的人物的思考中还是在作者本人的写作观察中，这些因子都没有发挥明显作用。尽管简·奥斯汀的叙事绚丽夺目、引人入胜，但情节的布景舞台却是客厅或交谊舞会。这就是这些故事的叙事空间。而《米德尔马契》则不同，它从不让读者（或者书中人物）过于安逸地沉浸在客厅会话中，因为窗外总有一个更大的喧嚣的世界。[3]

## 艾略特的第三选择

公开羞辱和丑闻对多萝西娅的决定产生了重大影响，这种叙事与艾略特的自身经历有直接关系。在开始书写《米德尔马契》之前的20多年里，她本人就一直被一个决定困扰。1851年10月，当时还以原名玛丽·安·埃文斯行走文坛的艾略特在皮卡迪利广场旁的一家书店偶遇作家乔治·亨利·刘易斯。这次邂逅全面开启了19世纪最伟大的情感与创作上的一次合作，当然也可以说是一次背离正统的合作。两人的关系自一开始就面临一些难以克服的障碍。那时的刘易斯已处于一桩复杂的开放式婚姻关系之中，他与艾略特最初产生那种化学反应看起来并没有太好的前景。此次会面后不久，艾略特在一封信中对刘易斯的相貌大加嘲讽。（据艾略特的一位传记作者记述，刘易斯是"一个很丑的人，浅棕色的头发稀稀疏疏，小胡子散乱不堪，皮肤皴裂粗糙，嘴唇又湿又红，而且脑袋大、身子小，看起来也不协调"。[4]）但随着时间的推移，这两位知识分子结下了深厚的不解之缘。[5]在初次见面两年之后，艾略特给她的一位朋友写信说，刘易斯"赢得了我的喜爱，让我不能自已"。刘易斯后来回顾他们的恋情，并在1859年的一篇日记中写道："认识她就要去爱她，而自此之后，我的生命迎来了新的开始。"[6]1853年夏，刘易斯前去探望在英格兰南海岸圣伦纳德度假的艾略特，后者当时安排了一段6周长的假期。在此期间的某个时候，两人开始思考一个重大决定——这个决定最终让伦敦上流社会震惊不已，同时也为一部被许多人认为是最美英文小说的作品奠定了基础。他们开始讨论以丈夫和妻子的身份生活在一起，但并不正式结为夫妻。

乍看起来，这是一个不可能的选择，因为维多利亚时代的道德观念非常怪诞——什么是被允许的，什么是被禁止的，两者之间的界限被人为扭曲，男性有着超然的性自由和浪漫自由，而女性则恰恰相反，在这些方面被严格禁止。离婚只有在最极端的情况下才是合法的。如果艾略特想成为刘易斯的生活伴侣，她将不得不放弃她那丰富多彩的、充满美好前景的生活：在伦敦学界建立的关系网，以及她作为作家和翻译家的大好前途。她花了近 10 年来强化和提升自己作为英国最有才华的女性的声誉。而今，为与心爱的人组建家庭，她将不得不放弃这一切，成为维达利亚时代最令人厌恶的女性形象："堕落的女人。"

1853 年夏，当艾略特在海边思考她的选择时，她想必会觉得自己正处于一个十字路口，而无论选择哪一条道路，最终到达的都是一个悲凉的目的地。要么放弃生命中的爱，要么放弃生命中她所爱的一切。她可以选择不与刘易斯生活在一起，或者选择放弃她在伦敦学界的地位，断绝与家人和朋友的联系，并陷入隐藏的耻辱的泥潭，成为一个"堕落的女人"。

但同其他大多数重大决定一样，艾略特所面临的选择最终被证明不是一个真正的二选一问题。毕竟，它不是一条岔路。艾略特和刘易斯花了近一年，最终找到了另外一条可以走出这个死胡同的路线。两人安排了一次欧洲大陆之行，为期 6 个月，这也是对他们的同居关系的一次考验，而之所以选择大陆，是因为德法两国的知识精英阶层的道德观念并不是那么强烈。回到伦敦之后，他们想出了一个关于共同生活的全新解决方案。刘易斯同他的妻子达成协议，后者准许刘易斯与埃文斯同居。埃文斯改随刘易斯的姓，并告知朋友在所有通信中均使用刘易斯的姓来称呼她。（改随刘易斯的姓有助于避开房东的怀疑之心。）随着时间的推移，埃文斯与刘易斯的孩子建立了丰富而又真挚的母子关系。而在将文学抱负转向小说之后，她开始以"乔治·艾略特"的笔名发表作品，这样做，有助于让她的公开创作远离她与刘易斯非法同居的"丑闻"困扰。

最终，他们两人以事实上的夫妻关系一起生活了近 25 年，直到 1878 年刘易斯去世。毋庸置疑，他们的行为引起了争议，遭到了诘难。与刘易斯结成的伴侣关系导致艾略特与她的大家庭产生了罅隙，而且家庭关系到最后也没有完全修复。"我想你一定还对我保持着足够的情谊和姐妹情感，能有这样一位爱着我、照顾我的丈夫，我想这也是你愿意看到的。"[7] 艾略特在给她姐姐的信中写道，而后者因为妹妹与刘易斯的结合而断绝了她们之间的一切联系。在伦敦的进步圈子，刘易斯和艾略特的很多盟友都担心他们这种非道德行为会损及他们共同的政治事业。但随着时间的过去，难得一见的光环开始出现在他们身上。在这种家庭关系的维系下，艾略特开启了现代史上最伟大的一次艺术创作之旅。"在过去的一年里，我的生命得到了不可思议的升华。"[8] 她在 1857 年写道，当时她的创作之路才刚刚开启，"我觉得我比以往任何时候都有能力享受这种道德和智慧上的快乐，也比以往任何时候都能觉察到我在过去的不足，而对于即将到来的责任，我也有了比以往任何时候都庄重的忠诚意念。”

### 5 条牵扯命运的频带

无论是玛丽·安·埃文斯还是她创作的小说人物多萝西娅·布鲁克，她们所面临的都是涉及广泛变量的决定。玛丽·安的选择当然是源于她对刘易斯的情感和性感受，但该选择的最终结果涉及频谱中的其他众多变量：埃文斯作为作家和思想家的职业抱负；彼时所持的尚处于萌芽状态的女权主义政治，以及作为一名知识分子，在一个几乎完全为男性所主导的世界里的职业发展；成为伦敦各客厅和咖啡屋里的闲谈对象，以及由此产生的羞辱感；一个如此不道德的选择给她和她的家人造成的无法避免的隔阂；等等。即便是寻常的经济学也在该决定中发挥着作用。埃文斯和刘易斯均靠写作为生。如果他们选择在违背道德的罪恶中度过余生，那么他们的生计就会受到严重影响，其中尤以埃文斯为甚。

如果从全谱角度来看，多萝西娅的决定至少涉及 5 条明显不同的频带。当然，这是一个情感选择：要不要嫁给她爱的人。但同时，这也是一个道德选择，这个选择与她对已故丈夫的义务和责任捆绑在一起，尽管后者的遗嘱附件显示他对她极不信任。同 19 世纪小说中几乎所有的婚姻情节一样，这是一个财务选择，一个与遗产继承有关的财务选择，且它对多萝西娅的经济地位有着重要意义。多萝西娅的经济状况与她“改进”庄园的梦想又是联系在一起的，所以这也是一个深层次的政治决定，这个决定受那个历史时期知识分子思想的影响。此外，这也是一个受多萝西娅所在社区影响的决定，她可能会被羞辱，被放逐，因为这毕竟是个小镇，有着“令人沮丧的复杂性”。

更复杂的是，这个决定会导致一系列连锁反应，其所引发的未来事件将会改变包括多萝西娅和拉迪斯拉夫在内的很多人的命运。你可以按照它们所影响人数的相对数量来测量不同的频带。在情感层面上，它属于两个相爱的人以及他们的直系亲属，闲言碎语的大概有数百人，而掀起政治运动和改革思潮的人以及受政治运动和改革思潮影响的人则成千上万。放弃洛伊克庄园会危及凯莱布·高思作为地产管家的蒸蒸日上的事业，进而危及弗雷德和玛丽刚刚开始的浪漫爱情；它无疑还会影响洛伊克庄园内佃农和低收入人群的生活条件。但在一个男性掌握和控制政治对话的世界——这可能是好事，但更可能是坏事，如果多萝西娅支持拉迪斯拉夫追求他的政治理想，那么她可能会给这个世界带来更多改变。这样一种选择不可能被压缩成为简单的正反理由清单，因为该决定的下游效应实在是太难预测了。她作为拉迪斯拉夫的妻子所获得的情感快乐（以及与之相随的性快乐，当然艾略特在这方面的描写一直都很克制）能否足以弥补她为此做出的牺牲——放弃她所在的社区，放弃她在洛伊克庄园的社会抱负。拉迪斯拉夫在政治舞台上的作为最终会不会抵消她因放弃自己的计划而对洛伊克庄园内佃农可能造成的损害？

讽刺的是，对《米德尔马契》的很多读者来说，多萝西娅最终做出了全书中最了无新意的一个决定。她选择了与拉迪斯拉夫私奔，放弃了她在洛伊克庄园的社会计划，并作为一个妻子和两个孩子的母亲，支持丈夫拉迪斯拉夫的政治事业。在小说的结尾处，艾略特以一段非常有名的话为多萝西娅选择的这条缺乏雄心的道路做了辩解："但她对她周围人的影响依然在扩散，依然不可估量，因为在这个世界上，善的增长也部分得益于那些微不足道的行为。而你我的遭遇之所以不致太过糟糕，一半也归功于那些忠于生活、不求闻达，安息在无人凭吊的坟墓里的人。"在这样一部充满众多创作新意的小说中，对于这样一个明确突破了传统女性英雄角色的人物，多萝西娅最终做出的选择让很多评论人士感到不可思议，因为这样的选择太过传统了，远低于读者的预期，甚至比玛丽·安·埃文斯自己做出的选择还传统——她与刘易斯的结合可以说是重新定义了婚姻。从某种意义上讲，这位小说家在现实生活中的想象力超过了她的创作想象力。

但事实上，正是艾略特通过多萝西娅这样的人物传递出的"不求闻达的隐秘生活"的丰富内涵，才使得这部小说变得如此重要。你的生活可能不如达尔文或艾略特的生活那么具有英雄色彩，那么波澜壮阔，但这并不意味着你在生活中所面临的决定就不是全谱系的。这在一定程度上可以说是现实主义小说的意义所在，它让人们意识到平凡人的生活也是很有吸引力的，当然前提是你要对生活有足够敏锐的观察。我们得承认，虽然多萝西娅最终做出了更为传统的选择，但她的生活显然不是平凡人的生活。不过，我们可以想一想利德盖特以及他在选举新牧师问题上所面临的“螺纹状压力”。我们每一个人都可能是利德盖特，都会在生活中面临各种艰难决定，比如为孩子办理转学，是否愿意为一份新工作而换一座城市等。

回想一下《米德尔马契》中那个非凡的段落——当多萝西娅发现卡苏朋遗嘱中那个令人震惊的事实之后，“她的世界在动荡转变。现在只有一点她是明确的，那就是她必须等待，重新思考一切”。在做如此重大的决定时，无论你采用什么方法，都必须牢记两点：等待，以及重新思考一切。我们可以构建线性数值模型，我们可以规划各种情景，我们可以绘制影响路径，我们可以举行我们自己的私人集思会等。但无论哪种方法看起来最有效——这取决于我们独特的处境以及我们自己独有的思维习惯和才能——有两点通常都会让我们受益，那就是时间和新的视角。

### 投射他人内心

《米德尔马契》等小说并未为现实生活中的我们提供做复杂决策的简单方法。它们不是简单的道德剧。做复杂决策的诀窍不在于一套一成不变的规则，因为从根本上讲，每一个复杂决策都是独一无二的。我们在前面章节中所探讨的所有技巧最终都涉及如下策略：构建更清晰的决策地图，了解所做决策的每一个独有特征，以及摆脱惯性思维或先入为主的观念等。伟大的小说——或者那些不以道德说教为目的的小说——给予我们的体验，就如同战争游戏或集成预测中的模拟一样：它们让我们体验了一种平行的生活，并让我们非常清楚地看到这种生活的复杂性。它们让我们看到所做选择的错综复杂的细节。它们描绘出了所有的“螺纹状压力”，描绘了选择的影响路径，还描绘了其对家庭、社区，乃至更广泛的社会的影响。它们给予我们的是练习，而不是打包好的指令。

在我们可以用来应对复杂决策的工具和策略中，有很多与讲故事有关，这并非巧合。对经历进行多重模拟，想象各种替代现实，都是非常古老的做法，它们同神话和民间传说一样古老。进化心理学家约翰·托比（John Tooby）和勒达·科斯米德斯（Leda Cosmides）已经做出了有力的论证，那就是我们对小说叙事的渴望并不仅仅是文化发明的结果，其在人脑进化史上也有深厚的根源。回想一下，十几岁的玛丽·安·埃文斯就曾抱怨小说无聊的逃避主义——“那么，我还有时间花在不存在的事物上吗？”对此，托比和科斯米德斯首先提出了一个疑问：为什么人们愿意花费如此多的时间（和金钱）去探索那些根本就不真实的事件和经历呢？

> 生物体应当有获取准确信息的渴望，而在决定吸收或舍弃哪些信息时，重要的一点应是对真假信息的甄别。这种“渴望真实”的模式完全无法预测人类在信息获取方面的重大诉求。如果有选择机会，大多数人会更愿意阅读小说而不是教科书，更愿意

观看讲述虚构事件的电影而不是纪录片。也就是说，人们依然对明显的虚假信息有着浓厚的兴趣。这种现象太过司空见惯，以至于它从根本上掩盖了我们对它的陌生感。[9]

为什么人们会浪费如此多的认知循环来思考那些已被证明是虚假的信息呢？部分答案就在于，人类的智慧确实依赖于不同程度的真伪假设。单就两个区域而言，非白即黑的区别实际上是更模糊的。即便抛开后现代主义的真实理论及社会构建理论，我们的大脑在日常生活中也是在一个辽阔的真实梯度上来回移动的。托比和科斯米德斯对真实做了一些描述："可能是真实的，在那里是真实的，曾经是真实的，其他人认为是真实的，只有我那样做才是真实的，在这里是真实的，他们想让我相信的是真实的，将来有一天是真实的，这当然不是真实的，他告诉我的是真实的，从这些声明来看好像是真实的等。"能够在这些不同的真实区域来回挪移，并不是虚无主义的标志；相反，它是具备洞察力和想象力的大脑的一个标志。

故事会起到锻炼和排演的作用，以训练我们的大脑在这些不同的真实区域活动。究其原因，一是故事本身就在真伪地图上占据了一个复杂的位置，二是故事通常涉及我们对其他（虚构）存在的此类活动的观察。当卡苏朋在遗嘱中增加那个诅咒般的附件时，他的大脑是在"将来某一天可能是真实的"的区域内活动。当多萝西娅担心小镇上会传出关于她和拉迪斯拉夫婚事的闲言碎语时，她的大脑是在"其他人认为是真实的”的框架内活动。

故事所发挥的作用同现代气象学中的集成预测并无二致。当路易斯·弗莱伊·理查森首次提出他的“数值天气预报”时，这种方法受限于前数字计算时代的计算瓶颈，天气变化的速度超过了任何可用以预测天气的“数值过程”。当计算机的速度快到足以就相同预测产生数百次乃至数千次迭代时，那么天气预报的准确性就会大幅提升，因为它会设定各种场景，并从结果中寻找模式。小说叙事发挥了类似的作用。通过相互讲故事，我们把自己从个人生活的瓶颈中解放出来。正如托比和科斯米德斯所言，故事意味着我们“不再受限于缓慢的、不可靠的实际经验流。相反，我们可以把自己沉浸在速度相对较快的间接经验流、精心策划的经验流、想象的经验流或虚构的经验流中。比如，一条狩猎和采集的频带可能包含几十年乃至数百年的生活体验，如果可以交流的话，我们就可以利用它的经验总结……通过虚构作品，我们释放了自己对潜在生活和现实的反应，我们对自身并未真正经历过的事情有了更丰富的、更具针对性的理解。这不仅有助于我们更好地了解他人的选择和他人的内心生活，也有助于我们自己做出更好的选择”。在某种意义上，你可以把这种对小说叙事的渴望视为“经验开放性”的延伸。在前面提到的菲利普·泰特洛克的实验中，“经验开放性”是成功预测者的一个显著特征。小说和历史传记有助于我们打开他人经验的感知之门，有助于我们间接体验他们所面临的独一无二的生存挑战，还有助于我们更深入地了解他们做艰难选择时的内心活动。

在大多数重要的个人决定中，对他人“内心世界”的投射能力可以说是一个核心需求。刘易斯和埃文斯决定将来过一种不受维多利亚时代道德规范约束的生活，而他们在考虑这一决定时，相当一部分考量是其他人对他们这种生活的可能的反应：他们与朋友、家人和同事之间的强关系；他们与所处社会环境之间的弱关系。在评估两人行为的潜在后果时，他需要洞悉所有人的想法、情感和道德准则。埃文斯的家人会拒绝她吗？或者，他们最终会平静地接受她与刘易斯之间的这种“另类”生活方式吗？伦敦的聒噪阶层会不会认为这对夫妇的行为太过出格，最终迫使他们远走他乡？或者，这些闲言碎语会迅速转移到另外一个话题上，从而让埃文斯和刘易斯过上相对安宁的生活吗？

心理学家和认知科学家把这种想象他人内心生活的能力归为“心智理论”（theory of mind）的特质。在想象他人心灵方面，人与人之间存在巨大的差异。在自闭症谱系障碍中，患有自闭症或阿斯伯格综合征的人通常难以想象他人的这种心灵模式。从本能上讲，他们的大脑似乎较少考虑他人的想法。但对我们大多数人来说，这种心理模拟是可以迅速展开的，而其速度之快，有时连我们自己也觉察不到。在谈话过程中，我们注意到主管扬起了眉毛，这时我们就会自动构建一种心理模式，模拟她当时的想法：她是对我的观点持怀疑态度吗？是她没听明白我讲的话吗？

当然，对于艰难的选择，这种速度极快的心理建模必须建立在深思熟虑的基础之上，要远离人的本能区域。比如，我们决定搬往一个新的社区，这时我们就要考虑所搬往社区的房地产市场状况，同时还要考虑搬家对我们周围人的影响，并模拟由此引发的情感反应。在新的学校，孩子会很快结识新朋友吗？或者，在最初的几个月里，孩子在学校会因缺乏人际网络而苦苦挣扎吗？你的另一半会因通勤时间变长而产生挫败感吗？由于艰难选择涉及因素太多，难有可以驾驭这类模拟思维的通用规则。我们就像指纹一样各不相同。但重要的是构建思维模式，并拿出时间来全面思考那些受所做决定影响的个人的主观反应。

在决定搬往加利福尼亚之后的那几个月里，我实际上写了一个关于我自己的故事。在我的想象中，这次“西迁行动”会给家人带来更多快乐，并会进一步增进家人之间的情感——会让我们的孩子更多地接触大自然，会迫使我们构建一幅完全不同的、关于“家”的心理地图等。但说实话，我从来没有费心去构建一个替代故事。就在我们即将购入加利福尼亚的新住宅之前，我带父亲去看过一次。那是一栋奇特的、有着童话风格的山间小别墅，带一个小花园，可以俯瞰海湾。我想父亲一定会和我一样陶醉其中，但他看起来更多的是担忧而不是兴奋。之后，他给我打来电话，试图劝我不要买那栋房子。“莱克西（亚历克莎的昵称）在那座山上会很孤独的。”他颇有预见地说，因为他担心儿媳将来不适应加利福尼亚的生活。但我并没有把他的话放在心上，只是认为这是一位父亲对孩子生活中重大变化的一贯担忧。

在我们建立情景规划的同时，父亲则在做另外一件事情：他在进行事前剖析，而且他是站在儿媳的角度对我的决定进行剖析的。这种同理心——透过当事人内心，想象他们对某一理论层面的事件的内心感受的技巧——可以说是做复杂决定时最重要的美德之一。如果重点是计算“最大多数人的最大幸福”，那么还有什么技能比这种预测他人幸福的能力更好的呢？有人或许认为，在大规模群体决策中，同理心作为一种特质的重要性会打折扣，因为将 1 000 种乃至 100 万种心智状态压缩至更小规模的、“平均化”的群体思维并不总是有效的。在大多数情况下，同理心是建立在我们与我们所了解的人的微妙关系之上的，是一种面对面的心理活动。就个人决定而言，比如在我们搬往加利福尼亚的决定中，如果你预测的是一个你真正了解的人，那么同理心的投射循环是非常快的。

这是阅读小说会提升我们的决策技能的另外一个原因。几年前，曼哈顿新学院（New School）的两位科学家在《科学》（*Science*）杂志上发表了一项研究成果，之后，这项研究成果立即在社交媒体上被疯狂传播，在人类学专业毕业生中尤受关注。在该研究中，工作人员向一组研究对象分发了涵盖广泛的阅读材料，包括通俗小说、文学小说和非虚构作品等，然后评估阅读是否提升了他们的“心智理论”能力。结果发现，阅读通俗小说或非虚构作品的研究对象的“心智理论”能力并未发生变化，但阅读文学小说的研究对象，即便只是阅读了很少量的作品，他们的“心智理论”能力从统计学上看也有了显著提升。后续实验未能重复这一结果，但很多研究已经证实，持续阅读文学小说的习惯与“心智理论”技能不断提升之间存在着强相关关系。是具有较高“心智理论”技能的人倾向于阅读文学小说，还是阅读文学小说这种行为确实提高了人们构建他人心理模式的能力，我们不得而知。更可能的情况是，两者兼而有之。但无论是何种因果关系，有一点是明确的：阅读文学小说最典型的体验之一就是沉浸在另一种主体性之中。电影和摄影可以带你进入一个更逼真的视觉世界；音乐可以让我们的身体兴奋起来，可以激发我们的情感。但在投射他人心理、提升“心智理论”的技能方面，没有什么比阅读小说更有效。

艾略特把这种投射视为一种“道德律令”（moral imperative）。“从内心深处理解他人是一个根深蒂固的习惯，任何一条一般的原则，如果不受该习惯的制约，那么它最终将会吞噬我们的道德。”她在《米德尔马契》中写道。正如丽贝卡·米德（Rebecca Mead）所写，“她的信条可能是这样的：如果我真的关心你——如果我设法站到你的立场，以你的视角看待问题——那么我的世界会因我获取的这种认识和理解而变得更好”。[10] 小说是一台同理心机器。从艾略特所持的道德视角来看，这种心理投射行为应该会强化我们之间的关系。同时，这种能力也会提升我们的决策能力，让我们成为更好的决策者。我们可以想象各种真假混杂的情景和各种假设：如果发生这种事，她会怎么想；他是如何考虑我的感受的。阅读文学小说有助于训练我们的大脑做此类分析。你无法像气象学家一样对你自己的生活进行 1 000 次平行模拟，但在一生之中，你可以阅读 1 000 部小说。是的，这些小说中的故事并不是我们自己生活中故事的直接映照。我们大多数人一生都不会面对这样的选择：一边是已故丈夫的遗产，一边是与一名激进主义者的美好爱情和婚姻。阅读这样一部小说的目的，并不是为你自己的艰难选择寻求现成配方——如果你考虑搬家到郊区，《米德尔马契》就无法告诉你答案。在类似情境中，没有任何形式的外部建议可以告诉你怎么做，无论是小说、认知科学研究，还是大众心理学著作，因为从根本上讲，这类情境都有着独一无二的“螺纹状压力”组态和架构。小说以及我们已经探讨过的如绘图和模拟等其他形式所能教你的，就是用艾略特所谓的“敏锐的视觉和知觉”[11] 去观察所处的情境，并让自己远离“生活中的麻木不仁”。小说不会给你答案，但它会让你更好地厘清头绪。

### 小说中的“未人”智慧

如果你有兴趣探索某一决定全谱系的复杂因素——从参与者的内心世界一直延伸到流言蜚语领域或技术变革领域，那么没有哪种艺术形式能在深度和广度上赶上《米德尔马契》等小说（非虚构传记和历史是仅有的可与之媲美的其他形式）：捕捉与艰难决定有关的所有经验尺度；从客厅到小镇广场，逐一追踪人们所承受的“螺纹状压力”；

带领我们从决策者的内心世界走向更广阔的世代变迁；等等。当然，这并不仅仅是我们碰巧阅读小说的几个原因——这是小说做得最好的地方。

在某种意义上，你可以把小说本身想象成一种技术。同大多数技术一样，它建立在人类已掌握的技能基础之上，且进一步提升了这些技能。小说——连同电影或电视连续剧等其他长篇艺术——是大脑默认网络本能叙事的强化版。小说之于默认网络的白日梦，就好比哈勃太空望远镜之于我们的视觉系统。它们都是工具，可以让我们看得更遥远、更深远的工具。经过数百万年的进化，人类的大脑发展出了一种倾向，偏好于想象未来，预测身边人的情感反应，并勾勒出潜在的后果，而这一切都是为当下服务，旨在做出更好的决定。这种非真实推测的技巧——通过虚构故事来描绘选择这条路径而非另一条路径可能产生的结果——让我们获得了“未人”的智慧。随着时间的推移，我们开发出了各种有助于我们开展更精巧模拟的文化形式：先是口口相传的神话和传说，然后是小说的全谱叙事，跟随虚构人物的路径，了解他们是如何应对生活中最重要的决定的。相比于其他任何创作形式，小说更能给予我们机会，让我们在真正做决定之前充分模拟和排练生活中的艰难选择。它们为我们提供了一个无与伦比的全景视角，我们可以透过小说人物的内心世界，看他们如何应对复杂的、多层次的选择，即便这个选择本身也是虚构的。天气预报员的集成模拟也是一种虚构：在有的运行中，飓风会向左偏移，进而远离大陆；在另外一些运行中，它会直抵海滨城市，并对其施以毁灭性的破坏力量。我们可以更好地预测即将到来的飓风的真正路线，因而也就可以更好地避开它，这是因为产生这些集成预测的计算机都是非常有能力的“预言家”，在短短几分钟内就可以将成千上万种替代叙事串到一起。小说给予我们的是另外一种模拟。它模拟的不是长远的气候变化，甚至不是短期的热带风暴，而是一个更私人的议题：人生的路径——不断变化的、被周围世界改变的人生路径。

# 后 记 将决策学作为必修课

我人生最初的 25 年的大部分时间都是在学校里度过的。在此期间，我不曾记得教学大纲上有哪门课是专门讲授做决策的。学校里的老师教我语法、化学、代数、欧洲史、后现代主义文学史，以及电影研究等，但从没有哪位老师站在讲台上，向我讲解如何做出富有远见的选择。我不是那种抱怨所学知识无用的人，我研究的领域恰恰是不同学科之间的模糊地带，并致力于寻求它们的意义所在。但我真心希望，那时所在的学校至少能拿出一部分课堂时间来讲授决策艺术。

将来，决策方式背后的脑科学和哲学意蕴一定会经常出现在认知科学或基础心理学等学科的教学大纲上，也会经常出现在选修课中，比如功利主义人士的选修课。现在的商学院已经正常开设关于决策的常规课程，内容多专注于管理决策或行政决策。但在高中，即便是最先进的高中，你也几乎找不到任何与决策相关的必修课程。有没有什么技能比做艰难选择的能力更重要的呢？我可以想到的屈指可数：创造性、同理心、韧性。但毫无疑问，做复杂决策的能力一定是排在这份清单的前列的。当我们使用“智慧”这样的词时，我们所指的最重要的一点就是决策力。既然如此，那我们为什么不把它列为学校的一门主要课程呢？

类似于决策学或决策理论——当然你也可以给它取其他名字——这样的领域，一个好玩的地方就是，它有点儿像知识领域的变色龙：既适用于阳春白雪那样的深奥领域，也适用于下里巴人那样的实用领域。大量哲学文献在讲这个问题，越来越多的神经科学项目也在研究这个问题，但它同时又是对我们每个人都有直接实用价值的一个问题。试想，又有谁不愿意做出更好的选择呢？

从教学的角度来讲，引入决策课程也是有依据的。围绕富有远见的决策设计一门专业课程，实际上也有可能激发学生在其他领域的兴趣，而有些时候，这些领域如果被隔离在各自传统学科的囹圄之内，则会给人一种枯燥乏味的感觉。比如，在大二生物学调查的神经病学单元中，大脑默认网络可能作为一个知识小栏目出现在侧边栏。在此语境下，这只是一系列需要记忆的知识点：今天，我们讲默认网络；明天讲神经递质；下个星期讲扁桃形结构。但如果把默认网络引入专门讲授如何做更好决策的课程中，那么做白日梦作为一种内涵丰富的认知活动也就被赋予了新的相关性，而对学生来说，也有一种豁然开朗的感觉。即便你不打算成为一名脑外科医生，你也会发现默认网络对于了解白日梦是大有助益的，而在此前，这种奇怪的超能现象只有通过 PET 扫描才能显现。

那么，这样一份教学大纲可与哪些领域结合起来呢？显然，它会涉及历史学、道德哲学、行为经济学、概率学、神经病学、计算机科学和文学等诸多学科的研究。课程本身就是一个关于多角度看问题的案例研究。但除了跨学科的广泛意义，学生还可以从中学到一系列技巧——一系列可以用于自身生活和工作的技巧：如何为复杂决策绘制全谱地图；如何设计情景；如何进行事前剖析；如何构建数值模型；如何建立“恶性事件”清单；等等。他们会知晓在多元化群体中分享“隐藏的概况”的重要性。他们会学到如何寻找未被发现的选项以及如何规避窄带评估的倾向。他们会获知投射他人心灵、换位思考的重要性，也会获知阅读伟大文学作品将有助于提升这一技能。在高中和大学的人文类课程中，涉及上述部分内容的选修课足有上千门，这还不算商学院。但为什么不开设一门涵盖上述所有内容的核心课程呢？

将决策学引入课堂的另一个重要原因是，它会在科学和人文学科之间架起一座宝贵的桥梁。在阅读哲学作品时，如果你把自己置于超级智能机器的前景和危险的语境下，那么你就会立即发现，那些看似抽象的、与逻辑和伦理相关的概念将会对我们的技术未来产生实质性的影响。在阅读文学作品时，如果你把它作为一种训练方式，用以提升我们所做远见决策的能力，那么你就会发现，小说所描述的、源于随机对照研究和集成预测的科学洞见以及它们共同依赖的模拟力量将会拓展我们的视野，挑战我们的假设，并提出新的可能性。这里的本意并不是将人文学科“压缩”为科学数据。就最私人的决定而言，从根本上讲，小说可以为我们提供科学不能提供的智慧。当我和妻子考虑搬往加利福尼亚时，我们无法开展某种随机对照试验，比如把几十对夫妇送到西海岸，再花几年对他们的幸福指数进行分析。另外，你也无法对自己的生活进行集成模拟。因而，讲故事也就成了我们的替代选项。

反之亦然：科学可以为我们提供小说无法提供的洞见。小说家乔伊斯、福克纳和伍尔夫创造的文学工具意识流，可以帮助我们更好地了解心智游移的奇特习惯，但我们第一次真正看到这种认知的强大，还是通过 PET 和 fMRI 对大脑默认网络的扫描。行为心理学、模拟陪审团和认知神经科学都有助于我们更清楚地看到远见决策的挑战，特别是较小规模的群体决策。小说只是碰巧发出了一种不同的光。如果两种光都亮着，我们就可以看得更远。

# 注 释

## 引言 长远决策是一项技能

1 William Duer, *New-York as It Was During the Latter Part of the Last Century* (New York: Stanford and Swords, 1849), 13–14.

2 Randal Keynes, *Darwin, His Daughter, and Human Evolution* (New York: Penguin Publishing Group, 2002), loc. 195–203, Kindle.

3 *Mr. Franklin: A Selection from His Personal Letters* (New Haven, CT: Yale University Press, 1956).

4 Daniel Kahneman, *Thinking, Fast and Slow* (New York: Farrar, Straus and Giroux, 2011), loc. 4668–4672, Kindle.

5 Peter L. Bergen, *Manhunt: the Ten-Year Search for Bin Laden from 9/11 to Abbottabad* (New York: Crown/Archetype, 2012), loc. 1877, Kindle.

6 有些决策——比如陪审团所做的有罪或无罪的裁决，中央情报局就“谁藏匿在那栋神秘建筑物内”这一问题所做的决定——并不会发展出第二步，因为它们所涉及的并不是那种因选择路径不同而产生不同结果的问题，而是事实问题：他是有罪的还是无辜的？乌萨马·本·拉登是否藏匿在那栋房子里？

7 George Eliot, *Middlemarch* (MobileReference, 2008), loc. 191., Kindle.

8 文学评论家加里·索尔·莫森（Gary Saul Morson）把小说的这一属性乃

至生活体验本身的这一属性描述为“叙事性”（narrativeness），并将其作为一种方法，测量某一既定现象可被简缩为简单理论或准则的难易程度：“虽然我们可以就火星的运行轨迹做出叙事性解释——它先在这儿，然后到了那儿，之后一下子到了这里——但这种解释是很荒谬的，因为基于牛顿定律，我们可以计算出火星在任一时间点所处的位置。于是，我的脑海中出现了一个新的概念，我称它为‘叙事性’。叙事性衡量的是叙事的必要性。在所提的火星的例子中，叙事性为零。伟大的现实主义小说家提出的伦理问题则有着最强的叙事性。那么，叙事性何时产生呢？我们越是需要以文化为解释工具时，叙事性就越强。我们越能借助人的心理状态活动，叙事性就越强。此外，权变因素发挥的作用越大，即学科框架内不可预测的事件越多，叙事性就越强。”(Morson, 38–39.)

## 第一章　绘图：列出真实和虚拟的变量

1 “时任美军参谋长联席会议副主席的詹姆斯·卡特赖特（James Cartwright）将军回忆说，‘这对我们来说是一个非常好的工具。我们拿着酝酿好的各种方案，然后对着模型坐在一起讨论：这是我们攻入的方式；这是庭院或房子内会发生的事情……这样一来，在如何攻入目标建筑物的问题上，我们也就有了不止一种路径选择’。” Bergen, 164–165.

2 Robin Gregory, Lee Failing, Michael Harstone, Graham Long, Tim McDaniels, and Dan Ohlson, *Structured Decision Making: A Practical Guide to Environmental Management Choices* (Hoboken, NJ: John Wiley & Sons, 2012),

loc. 233–234, Kindle.

3 Kahneman, loc. 1388–1397.

4 Cass R. Sunstein and Reid Hastie, *Wiser: Getting Beyond Groupthink to Make Groups Smarter* (Cambridge, MA: Harvard Business Review Press, 2014), loc. 280–287, Kindle.

5 Sunstein and Hastie, loc. 1142–1149.

6 www.scientificamerican.com/article/how-diversity-makes-us-smarter, accessed Sept. 2016.

7 Gary Klein, *Sources of Power: How People Make Decisions* (Cambridge, MA: MIT Press, 1999), loc. 466– 469, Kindle.

8 Malcolm Gladwell, *Blink: The Power of Thinking Without Thinking* (Boston: Little, Brown and Company, 2007), loc. 1455–1461, Kindle.

9 Helen M. Regan, Mark Colyvan, and Mark A Burgman, "A Taxonomy and Treatment of Uncertainty for Ecology and Conservation Biology," *Ecological Applications* 12, no. 2 (2002): 618– 628. 格雷戈里等对不确定性的来源做了分类总结（Gregory et al., loc. 123, Kindle.）。

| 知识的不确定性的来源 | 我们对事件或结果的事实感到不确定，是因为…… |
|---|---|
| 自然变异 | ……结果会因时间、空间或其他变量因素的不同而不同，这是一种自然变化，且结果难以预测。 |
| 测量误差 | ……我们无法准确地测量事物。 |

（续表）

| 知识的不确定性的来源 | 我们对事件或结果的事实感到不确定，是因为…… |
|---|---|
| 系统误差 | ……我们无法校准我们的仪器，或者我们无法准确地设计我们的实验或采样数据。 |
| 模型不确定性 | ……我们不知道事物是如何相互作用的。 |
| 主观判断 | ……我们用判断去解读数据、观察结果或体验，由此也就产生了个人判断的不确定性。另外，专家之间的差异也会造成不确定性。 |

| 语言的不确定性的来源 | 我们无法达成有效沟通，是因为…… |
|---|---|
| 数值与非数值模糊性 | ……语言允许边际情形的出现。模糊性可以与数值有关（“高大”的树有多少棵？这类海藻在什么时候大暴发？），也可能与非数值有关（如何定义栖息地适宜性）。 |
| 歧义 | ……词语有不止一个义项，且不清楚它用的是哪个义项，比如“自然”环境和森林“覆盖”等。 |
| 情境依赖性 | ……脱离语境的描述。在车道上发生的“大型”漏油事件，若放到海洋，则只是“小”事故。 |
| 指代不清 | ……没有必要的概述。“明天有可能下雨”与“明天局地有70%的概率下雨”。 |
| 语义不明确性 | ……此时说的话的意思，拿到另外一个时间点则是另外一种意思。 |

10 Richard P. Feynman, *The Meaning of It All*: *Thoughts of a Citizen-Scientist* (New York: Basic Books, 2009), loc. 26–27.

11 Bergen, loc. 134–135.

12 在《小集团思维：决策及其失败的心理学研究》（*Victims of Groupthink*, Boston: Houghton Mifflin, 1972）中，欧文·贾尼斯（Irving Janis）通过案

例研究，对夏威夷和华盛顿的军事指挥官出现的一连串失察和信念错误进行了分析，正是这种失察和失误导致美军在珍珠港袭击中措手不及。事后来看，当时有大量证据表明，日本可能会对该海军基地发起直接攻击。而事实上，太平洋舰队司令、海军上将赫斯本德·金梅尔（Husband Kimmel）也看过许多情报简报，这些简报显示，日本的攻击行动至少存在可能性。然而，正如贾尼斯所描述的，金梅尔及其副手受到了所谓的小集团思维的影响，他们认为日本人可能会对某个地方发起攻击行动，问题是他们会不会通过打击英国或荷兰在远东的领地而宣战。就美国军方而言，在日本可能直接攻击美国军事基地的问题上，他们远未达成共识，因而也就没有做任何可行的防御计划。在 12 月初的几天里，美军未能追踪到日本航空母舰的雷达信号，但即便如此，他们也没有采取任何应对行动。在当时看来，由于日本攻击美国海军基地的可能性实在太低，以至于没有人愿意花时间去考虑相关风险。（Janis, 76.）

13 Mark Bowden, *The Finish: The Killing of Osama bin Laden* (New York: Grove/ Atlantic, Inc., 2012), loc. 159, Kindle.

## 第二章　预测：模拟未来事件的走向

1 Philip E. Tetlock and Dan Gardner, *Superforecasting: The Art and Science of Prediction* (New York: Crown/Archetype, 2015), loc. 68–69, Kindle.

2 Tetlock and Gardner, loc. 125, Kindle.

3 Gary Westfahl, Wong Kin Yuen, and Amy Kit-sze Chan, eds., *Science Fiction*

*and the Prediction of the Future*: *Essays on Foresight and Fallacy* (Jefferson, NC: McFarland, 2011), loc. 82–84, Kindle.

4 同样的盲点也适用于那些在 20 世纪四五十年代积极创造数字革命的人。传奇科学家万尼瓦尔 · 布什（Vannevar Bush）于 20 世纪 40 年代末在《大西洋月刊》（*The Atlantic*）发表了一篇标题为《诚如所思》（“As We May Think”）的知名文章。在该文中，布什设想了一种新的研究工具，而这一工具也被很多人认为是对 50 年后万维网（World Wide Web）所创造的超文本世界的最早的探索之一。但布什的设备根本不是计算机，而是加强版的缩微胶片机。据此，研究人员只能阅读文档的静态图像，且只能创建可将相关文件关联起来的简单链接——布什称这种链接为“路径”（trails）。而关于联网计算机的强大威力，比如创建文字文档，复制和粘贴文本，与同事分享和讨论等功能，则完全没有出现在布什的视野里。要知道，正是在他的领导下，最早的数字计算机才得以问世。

5 Westfahl et al., loc. 195–202, Kindle.

6 Browne, *Charles Darwin*: *Voyaging*, 498.

7 事实上，莫尔文镇的水的清洁度已经得到了现代科学方法的确认。泉水从异常坚硬的前寒武纪岩石中间流过，所以基本不会带走矿物质，而这些岩石上的小的罅隙又起到了天然过滤不纯物质的作用。

8 Druin Burch, *Taking the Medicine*: *A Short History of Medicine's Beautiful Idea*, *and Our Difficulty Swallowing It* (London: Vintage, 2010), 158.

9 “第一种方法叫‘湿床单法’（dripping sheet），即用稍稍拧干的湿床单包裹身体，然后用力按摩5分钟。此法的目的是‘激发身体的神经系统和循环系统’。格利医生写道：‘对病情比较严重的人来说，我通常先用湿毛巾擦洗其身体和胳膊，待晾干、穿上上衣以后，再以同样的方式擦洗腿部。’” From Keynes, loc. 2888–2896, Kindle.

10 “无论是在陆地还是在海上……观察结果都会被收集起来。只要这样做了，他预计用不了几年，无论这个国家的气候如何变化，我们都有可能做到提前24个小时知道这个大都市的天气状况。” From John Gribbin and Mary Gribbin, *FitzRoy*: *The Remarkable Story of Darwin's Captain and the Invention of the Weather Forecast* (ReAnimus Press, 2016), loc. 4060–4062, Kindle.

11 史密森尼学会（Smithsonian Institution）的秘书约瑟夫·亨利（Joseph Henry）于1847年提出了一个与该想法有关的粗略版本：“早在1847年，史密森尼学会的秘书约瑟夫·亨利就意识到，北美大陆每年都会有多场风暴从西海岸运动至东海岸。于是，他提议建立一个电报网络，为东海岸各州的居民提供预警服务，让他们提前为来自西海岸的风暴做好准备。”From Gribbin, loc. 4151–4153, Kindle.

12 Peter Moore, “The Birth of the Weather Forecast,” www.bbc.com/news/magazine-32483678.

13 Katherine Anderson, *Predicting the Weather*: *Victorians and the Science of Meteorology* (Chicago: University of Chicago Press, 2010), 119.

14 “各主要观察站的观测员记录空气的温度、压力和湿度，地面风速和高空风速（通过研究云的运动得出），海洋状态，所有参数的变化（与上一次观测相比），以及降雨量和降雨类型等。这些信息每天上午 8 点都要从各观测站发出。上午 10 点，议会街收到电报。在这里，相关数据会按照尺度误差、海拔和温度进行解读、换算或修正，然后记录员将其填写到已备好的表格中，并复制多份。第一份表格连同所有电报发送给气象部门的负责人或助理，用于分析当天的天气状况，由此得出的预报结果则会被仔细誊写在第一页上，经复印后迅速分发。上午 11 点，相关报告发送给《泰晤士报》（第二版）、劳合社（Lloyd's）和航运公报，还要发送给贸易委员会、海军部（Admiralty）、骑兵卫队（Horse Guards）和人道学会（Humane Society）。很快，类似的报告也会发送给其他晚报……" From Gribbin, loc. 4352–4363.

15 Lewis Fry Richardson, *Weather Prediction by Numerical Process* (Cambridge, UK: Cambridge University Press, 2007), xi.

16 Bowden, loc. 195.

17 Jonathan Keats, "Let's Play War: Could War Games Replace the Real Thing?" http://nautil.us/issue/28/2050/lets-play-war.

18 "以'萨拉托加号'（Saratoga）航空母舰为中心的蓝方将从夏威夷出发，对依靠'列克星敦号'和'兰利号'航空母舰防御西海岸的黑队发起战略性打击。蓝方刚一出发，就发现了黑方的 5 艘潜艇——它们处于潜伏状态，负责侦察和报告蓝方的异动。通过航空母舰，蓝方迅速确定了这些潜艇的位置，然后成功击沉其中 4 艘。在使用航空母舰打击潜艇部队方面，可以说这次演习提供了另外一个重要的早期教训。几天之后，双方发生遭遇战，但没有任何一方取得明显优势。在演习的最后几天里，双方在东太平洋波涛汹涌的海面上数度交手，但由于作战区域太过辽阔，双方均未掌握支配权。不过，这也表明了：（1）航空母舰空中力量参与战斗的可行性；（2）部署更多航空母舰的必要性。" From Phil Keith, *Stay the Rising Sun*: *The True Story of USS* Lexington, *Her Valiant Crew, and Changing the Course of World War II* (Minneapolis: Zenith Press, 2015), loc. 919–926, Kindle.

19 http://nautil.us/issue/28/2050/lets-play-war.

20 Paul Hawken, James Ogilvy, and Peter Schwartz, *Seven Tomorrows* (New York: Bantam, 1982), 7.

21 Pierre Wack, "Scenarios: Uncharted Waters Ahead," *Harvard Business Review*, September 1985.

22 Pierre Wack, "Living in the Futures," *Harvard Business Review*, May 2013.

23 Bowden, loc. 191, Kindle.

24 Klein, loc. 954–956, Kindle.

25 Bergen, loc. 191, Kindle.

26 Bergen, loc. 183–184, Kindle.

27 Bergen, loc. 171–172, Kindle.

## 第三章　权衡：从剩余选项中选择

1 Quoted in Jenny Uglow, *The Lunar Men: Five Friends Whose Curiosity Changed the World* (New York: Farrar, Straus and Giroux, 2002), 169.

2 Jeremy Bentham, "An Introduction to the Principles of Morals and Legislation," www.econlib.org/library/Bentham/bnthPML1.html, accessed May 2017.

3 功利主义框架是乔治·艾略特的哲学大厦的基石，它仅次于路德维希·费尔巴哈（Ludwig Feuerbach）关于爱情的非常规理论。[艾略特很了解功利主义者，她和乔治·亨利·刘易斯都在《威斯敏斯特评论》(*Westminster Review*)发表过文章和翻译作品，而该杂志最初就是由边沁本人创办的。]但《米德尔马契》显示，功利主义者将情感演算运用到现实中有多么困难。

4 关于12291号行政命令的全文，参见：www.presidency.ucsb.edu/ws/?pid=43424.

5 Sunstein and Hastie, loc. 1675–1683, Kindle.

6 更多信息参见：https://newrepublic.com/article/81990/obama-cost-benefit-revolution.

7 "从数学上讲，线性数值模型是将替代方案的表现分数表示为其结果的加权总和：总分数 = W1X1 + W2X2 + W3X3 +……其中X1是1的赋值，W1是1的权重系数；X2是2的赋值，W2是2的权重系数；以此类推。如果各表现指标有不同的计量单位（比如美元、公顷和工作量等），那么为得出一个有意义的总分数，就先要对各表现指标的赋值做'标准化'处理，再采用某种可靠的方法进行加权计算。一般来说，量化数值建模包括以下几个步骤：（1）定义目标和衡量标准；（2）确定替代选项；（3）为每一个替代选项的每一个衡量指标赋予一个结果或结果分数；（4）为每个指标赋予一个权重系数；（5）对结果分数做标准化处理，以便计算总和；（6）计算加权标准分——有时又称为‘可取性’（desirability）分数——并据此对替代选项进行排名。” From Gregory et al, 217.

8 关于谷歌该项专利的全文，参见：www.google.com/ patents/US9176500。

## 第四章 着眼全球问题

1 为什么我们首先联系到的一定会是一个先进程度远高于我们的文明，主要基于如下假设。我们从地球上发射结构化无线电信号的历史才不过 100 多年。如果说智慧生命的迹象首先来自一个无线电发展史仅与我们相差 50 年的社会，那么这种概率实在是小之又小。你可以想象一下出现这种情况所需的条件：在我们这个星球上，无线电技术的出现花了 13 999 999 880 年，而在另外一个宜居星球上，星系无线电的发明恰好花了 13 999 999 930 年。这可以说是宇宙的巧合了。在技术创新的过程中，可能会出现一些进展上的同步，但即便如此，整个发展过程也不会一直如此精确地延伸下去。就技术的成熟度而言，即便只是对这些进度做微小调整，那也会产生巨大的差距。假设另外一个星球的发展进度与我们的进度发生偏离，相差了千分之一：如果它们的先进程度比我们的高，那么它们在无线电技术（以及后继技术）方面将领先我们 1 400 万年。当然，基于它们在宇宙中所处的位置，它们的无线电信号可能需要几百万年才能到达地球。但即便你将无线电传输的滞后性考虑在内，如果我们收到来自另外一个星系的信号，那么几乎可以确定的是，与我们对话的将是一个先进程度远高于我们的文明。

## 第五章　个人抉择时刻

1 Eliot, loc. 583, Kindle.

2 Eliot, loc. 7555, Kindle.

3 的确，在维多利亚时代，艾略特并不是唯一构建多尺度想象形式——从个人到历史上的宏观运动——的小说家。狄更斯在 19 世纪五六十年代发表的伟大小说，如《荒凉山庄》（*Bleak House*）、《小杜丽》（*Little Dorrit*）和《我们共同的朋友》（*Our Mutual Friend*）等，成功构建了庞大的城市网络，将街头顽童、工业权贵、没落的贵族、食利者和商人、底层文员、辛勤的劳动者，以及罪犯等众多人物交织在一起。新兴的工业化历史力量、不断发展的官僚政治和大都市人口的爆炸式增长，无一不对他们的生活产生了重要的影响。在某种意义上，狄更斯的成就——类似的还有巴尔扎克或福楼拜（Gustave Flaubert）的《情感教育》（*Sentimental Education*）——比艾略特在《米德尔马契》中的成就更令人印象深刻，因为前者的叙事背景是拥有 200 万人口的大城市，而艾略特的小说的背景设置则是小城镇。但为找一根线将所有场景串联起来，狄更斯就不得不牺牲一定的现实性。

在狄更斯式的小说情节中，转折点几乎从不涉及面对艰难选择的人物。他们生活的改变——财富的暴增或财富的大规模缩水——通常伴随着神话般的意外发现，比如隐秘的出身和隐藏的遗嘱等。但他们的生活几乎从未因个人选择而发生变化。当人物面临两难选择时，狄更斯几乎从不描述与该决定相关的“令人沮丧的复杂性”，部分原因是这些人物都已经预先定型了：圣徒走圣洁的道路，奋斗者走奋斗的道路，罪犯走邪恶的道路。而即便人物必须做出选择，那也没有什么好选的。反观艾略特对利德盖特在投票选举教区牧师问题上的描述，毋庸置疑，这是一个非常难做的选择，利德盖特的整个人格都因此出现了缓慢而明确的变化，这让他从一个坚定的理想主义者转变成我们现在所称的那种卖友求荣的人，而这背后则有着源于各种小的道德瑕疵的“螺纹状压力”。尽管有着长达 5 页的内心独白，但该场景的戏剧性就在于，我们根本不知道利德盖特最终会做出何种选择，部分原因是他本身就是一个性格不断转换的人物，同时也是因为这的确是一个非常艰难的决定。

4 Kathryn Hughes, *George Eliot: The Last Victorian* (New York: HarperCollins, 2012), loc. 3386–3393, Kindle.

5 Quoted in Hughes, loc. 134, Kindle.

6 Quoted in Hughes, loc. 143, Kindle.

7 Cited in Rebecca Mead, *My Life in Middlemarch* (New York: Crown/ Archetype, 2014), loc. 77, Kindle.

8 Cited in Mead, loc. 80–81, Kindle.

9 John Tooby and Leda Cosmides, “Does Beauty Build Adapted Minds? Toward

an Evolutionary Theory of Aesthetics, Fiction and the Arts," *SubStance* 30, no. 1/ 2 (94/ 95: 2001): 6–27.

10 Mead, loc. 223, Kindle.

11 Eliot, loc. 207, Kindle.

# 致　谢

恰如所述论题一样，我构思了很长时间才最终写成本书。大约10年前，我开始就复杂决策这一主题记笔记，从最初的方案到第一稿成稿，花了我整整5年。因此，我比以往更感谢我的出版人、编辑和代理人——他们分别是杰弗里·克罗斯科（Geoffrey Kloske）、考特尼·扬（Courtney Young）和莉迪亚·威尔斯（Lydia Wills），感谢他们在如此漫长的时间内给予本项目的信心和支持，感谢他们在我充满疑虑时给予我的鼓励，让我相信这是一部值得去写的重要作品。特别感谢考特尼，感谢她在内容编辑上提供的一流指导：对存在问题的论证提出挑战，提供新的探索路径建议，并巧妙地提醒我这是一本关于决策的书，而不是一本关于乔治·艾略特后期作品的文学专著。一如既往，我很荣幸能够成为河源出版社大家庭的一分子；感谢凯文·墨菲（Kevin Murphy）、凯蒂·弗里曼（Katie Freeman）、莉迪亚·赫特（Lydia Hurt）、杰西卡·怀特（Jessica White）和凯特·斯塔克（Kate Stark），正是在你们的帮助下，这本书才得以面世。

此外，本书内容的重大提升也得益于过去十年间我与朋友和专家的很多交流，感谢埃里克·利夫丁（Eric Liftin）、鲁弗斯·格里斯科姆（Rufus Griscom）、马克·贝利（Mark Bailey）、丹尼斯·卡鲁索（Denise Caruso）、道格拉斯·瓦科克、凯瑟琳·丹宁、贝特西·施密特（Betsey Schmidt）、大卫·布林、弗兰克·德雷克、保罗·霍肯、斯科特·克莱默（Scott Klemmer）、彼得·莱顿（Peter Leyden）和肯·戈德伯格（Ken Goldberg）。感谢恒今基金会的老朋友，特别是斯图尔特·布兰德、凯文·凯利、亚历山大·罗斯（Alexander Rose）、彼得·施瓦茨和布赖恩·伊诺（Brian Eno），感谢他们自本项目一开始就给予我的灵感和启发。特别感谢亚历山大·罗斯把我引荐给 METI 项目组，也特别感谢《纽约时报杂志》（*New York Times Magazine*）的编辑比尔·瓦西克（Bill Wasik）和杰克·西尔弗斯坦（Jake Silvertstein），感谢他们让我在杂志上以极长的篇幅探求 METI 的重大决定。感谢利演讲局（Leigh Bureau）的韦斯·内夫（Wes Neff）和他的团队，感谢他们这些年间把我引荐给诸多有趣的人士和众多有趣的行业，本书部分内容亦有所体现。感谢我的妻子亚历克莎·罗宾逊（Alexa Robinson），她也是我的众多长期决定的共同决策者，感谢她在本书付梓前所做的精确修订。感谢我的儿子克莱（Clay）、罗恩（Rowan）和迪安（Dean），每当看到他们，我都会想起放眼长远的重要性。

最后，谨以此书献给我的父亲——他擅长事前剖析，同时也是一位睿智的顾问，感谢他为我人生中每一个重大决定提供的建议和意见。

写于布鲁克林

2018 年 3 月